Os sentidos do tempo

Ricardo Luiz de Souza

Os sentidos do tempo

O tempo histórico, filosófico, cotidiano

Direção Editorial: Marlos Aurélio

Conselho Editorial: Avelino Grassi
Fábio E. R. Silva
Márcio Fabri dos Anjos
Mauro Vilela

Copidesque: Thiago Figueiredo Tacconi

Revisão: Ana Rosa Barbosa

Diagramação: Tatiana A. Crivellari

Capa: Érico Leon Amorina

1ª impressão

© Editora Ideias & Letras, 2016

Rua Tanabi, 56 – Água Branca
Cep: 05002-010 – São Paulo/SP
(11) 3675-1319 (11) 3862-4831
Televendas: 0800 777 6004
vendas@ideiaseletras.com.br
www.ideiaseletras.com.br

Dados Internacionais de Catalogação na Publicação (CIP)
(Câmara Brasileira do Livro, SP, Brasil)

Os sentidos do tempo: o tempo histórico, filosófico, cotidiano/
Ricardo Luiz de Souza
São Paulo: Ideias & Letras, 2016

Bibliografia

ISBN 978-85-5580-010-8

1. Tempo 2. Tempo - História
3. Tempo - Filosofia 4. Tempo e história
I. Título.

15-11458   CDD-901

Índice para catálogo sistemático:

1. História do tempo: Filosofia 901

Sumário

Introdução	7
Capítulo 1: A passagem do tempo	25
1.1 O primitivismo e a tradição	25
1.2 A gênese, o ciclo, o milênio	37
Capítulo 2: A história do tempo	57
2.1 O rito e o mito	57
2.2 O tempo na Antiguidade	64
2.3 O tempo cristão e medieval	78
2.4 O tempo do Renascimento à Modernidade	93
Capítulo 3: A datação do tempo	103
3.1 Da hora à eternidade	103
3.2 O calendário	117
3.3 O relógio	131
Capítulo 4: Olhares sobre o tempo	149
4.1 Platão e Aristóteles	149
4.2 Plotino e os estoicos	163
4.3 Santo Agostinho e São Tomás de Aquino	171
4.4 De Maquiavel a Nietzsche	184
4.5 Bergson	203
Referências	227

Introdução

Estudar o tempo, ou melhor, estudar os diferentes sentidos conferidos ao tempo – histórico, filosófico, religioso, cotidiano, entre outros, sendo este meu objetivo – implica, inicialmente, o reconhecimento de sua ambiguidade perante o conhecimento humano. Trata-se, afinal, de algo que todos conhecem – todos sabem o que é o tempo –, mas sobre o qual sempre houve um desacordo profundo. Enfim, não apenas quem se dedica a estudá-lo, mas também quem o vivencia sem indagar seriamente a seu respeito, desconhece-o em seu sentido mais profundo e ignora a maioria das coisas a ele referentes.

Não se trata, contudo, de um problema a ser resolvido, uma vez que este sentido mais profundo – a origem e a finalidade última do tempo – é, no final das contas, inapreensível, e eu não indagarei a respeito. Meu objetivo, bastante mais prosaico, é fazer um estudo sintético sobre diferentes abordagens efetuadas a respeito do tempo ao longo da história, analisando como alguns dos principais estudiosos do tema o analisaram e como ele foi construído historicamente. Afinal, o tempo não é apenas algo que existe fora do ser humano e no qual ele está imerso, o ser humano o construiu e o fez de diferentes formas. Tal construção adquiriu significados distintos em contextos diversos e em sociedades diferenciadas. O tempo, portanto, é uma construção essencialmente ambígua quando vista em termos históricos, sendo preciso, no caso, diferenciar-se da temporalidade. O tempo é o que passa – presente, passado e futuro –, ao passo que a temporalidade é a construção social do tempo; construção historicamente mutável e socialmente específica, sendo este, mais precisamente, meu objeto de estudo.

O tempo, por sua vez, engloba temporalidades distintas que ocorrem em sucessão, mas, ao mesmo tempo, interagem na simultaneidade que as abrange, devendo ser compreendidas a partir de ambas as perspectivas. São temporalidades, ainda, que possuem ritmos diversos, durações contínuas, às vezes descontínuas, outras, e diferentes dimensões de vida social, cultural, política e econômica.

Temos, em seu contexto:

- tempo individual, referente à vivência e ao cotidiano de cada um;
- tempo histórico, que é o período de tempo no qual os tempos individuais submergem e interagem uns com os outros;
- tempo universal, medido da mesma forma em cada canto do planeta;
- temporalidades locais, definidas a partir de culturas distintas;
- tempo natural, cósmico, – em contraste com o tempo social –, mensurado a partir do calendário e ao mesmo tempo dotado de especificidade.

O tempo histórico pode ser definido, também, como a estrutura básica do passado, a partir do qual o sentido histórico se desenvolve. Tal sentido, contudo, é uma representação linguística expressa, por exemplo, a partir de periodizações sem, no entanto, que o tempo histórico deixe de fazer parte da estrutura interna da realidade passada.

Quando uma periodização histórica é feita, isso se dá por meio de diferentes formas, quais sejam:

1. comparação entre o passado e o futuro, para definir quais são as diferenças que configuram os períodos históricos passados e os tornam específicos uns em relação aos outros;
2. idealização dos períodos passados que podem, inclusive, ser vistos, miticamente ou não, como perdidas épocas douradas;
3. estabelecimento de contrastes que definem os períodos passados como eras de ignorância e opressão em relação ao progresso dos dias de hoje;
4. estabelecimento de continuidades e descontinuidades entre períodos passados, bem como entre passado e futuro.

De uma forma ou de outra, os períodos históricos são sempre representados a partir de valores que não eram os seus e que eram, muitas vezes, desconhecidos para os que neles viveram. Com isso, o tempo contemporâneo define tais períodos, conectando-se a eles a partir de pesquisas dos mais diferentes formatos, da reinterpretação sucessiva das marcas e sinais que ficaram para trás (com as antigas interpretações, sendo reiteradamente alvo de novas interpretações) e da construção de um calendário que os englobe na mesma temporalidade. Essa é sempre a temporalidade do historiador (quem vivia antes de Cristo, evidentemente, não sabia disso e quem vivia na Idade Média, por exemplo, não sabia que vivia na Idade Média, ou seja, vivia em uma temporalidade que só depois seria nomeada como tal).

É graças à construção do tempo histórico, por sua vez, que o presente é explicado a partir do passado, fazendo algum sentido, para os que nele vivem. E é graças a esta construção, ainda, que a recordação faz sentido para os povos que recordam, e todos os povos, de uma forma ou de outra, recordam de seu passado.

Para pensar o conceito de tempo histórico, podemos partir da análise feita por Paul Ricoeur (2010), que o define essencialmente como uma narrativa na qual acontecimento e intriga se fundem. Assim, segundo o autor (v. 1, p. 295), "os acontecimentos históricos não diferem radicalmente dos acontecimentos enquadrados por uma intriga". E é dessa mistura que nasce o que ele convencionou chamar de tempo: "Dessas trocas íntimas entre historicização da narrativa e ficcionalização da narrativa histórica, nasce o chamado tempo humano, que nada mais é que o tempo narrado" (v. 3, p. 173). E descreve como isso ocorre: "O tempo torna-se tempo humano na medida em que está articulado de modo narrativo: em compensação, a narrativa é significativa na medida em que esboça os traços da experiência temporal" (v. 1, p. 15).

Tanto a história quanto a ficção necessitam indissoluvelmente uma da outra para alcançar suas respectivas e comuns intenções e objetivos para Ricoeur (v. 3, p. 311):

> Por entrecruzamento entre história e ficção, entendemos a estrutura fundamental, tanto ontológica como epistemológica, em virtude da qual a história e a ficção só concretizam suas respectivas intencionalidades tomando de empréstimo a intencionalidade da outra.

E ele assinala:

> Desse entrecruzamento, dessa sobreposição recíproca, dessa troca de lugares, procede o que se convencionou chamar de *tempo humano*, em que se conjugam a "representância" do passado pela história e as variações imaginativas da ficção, tendo como pano de fundo as aporias da fenomenologia do tempo. (v. 3, p. 328)

E também a identidade, salienta o autor (v. 3, p. 418) – e uma identidade que é necessariamente narrativa, nasce desta união –: "O rebento frágil proveniente da união da história e da ficção é a atribuição a um indivíduo ou a uma comunidade de uma identidade específica que podemos denominar sua identidade narrativa". O que ocorreu é transformado por quem o narra. Assim, "é o tempo da ação que, mais que tudo, é refigurado pela configuração da ação na narrativa" (v. 1, p. 126). Mas a narrativa não pode simplesmente ignorar a veracidade do que ocorreu, sob pena de deixar de ser narrativa histórica, no que ele analisa sua relação com a cronologia.

Ricoeur (2007, p. 162) ainda acentua:

> À dialética do espaço vivido, do espaço geométrico e do espaço habitado, corresponde uma dialética semelhante do tempo vivido, do tempo cósmico e do tempo histórico. Ao momento crítico da localização na ordem do espaço corresponde o da datação na ordem do tempo.

Tal datação, aparentemente neutra, possui um significado crucial que o autor igualmente sublinha: "O lapso de tempo de uma vida humana, comparado à amplitude das durações cósmicas, parece insignificante, embora seja justamente dele que precede toda questão de significância" (2010, v. 3, p. 155).

E rejeitá-la não pode levar ao abandono puro e simples da configuração histórica, conclui o autor (v. 2, p. 43):

> Rejeitar a cronologia é particularmente notável no tratamento do tempo. Rejeitar a cronologia é uma coisa; recusar todo princípio substitutivo de configuração é outra. É impensável que a narrativa possa dispensar toda e qualquer configuração.

O que ele está discutindo, em síntese, é a relação entre verdade e narrativa histórica, apenas podendo ser tratada no âmbito de uma relação ainda mais ampla, que envolve verdade e ficção.

> A inserção da história na ação e na vida, sua capacidade de reconfigurar o tempo coloca em jogo a questão da verdade na história. Ora, esta é inseparável do que chamo de *referência cruzada* entre a pretensão à verdade da história e à da ficção. (v. 1, p. 135)

Onde fica o acontecimento, entretanto, no âmbito dessa relação? Ricoeur (v. 1, p. 119) o define: "O acontecimento completo é não apenas que alguém tome a palavra e dirija-se a um interlocutor, mas também que ambicione levar à linguagem e partilhar com outro uma nova *experiência*". Ele não é, assim, apenas o que ocorreu, mas o que foi narrado e experimentado por meio da narrativa, que o recorda ao mesmo tempo que o reconstrói. O significado dessa reconstrução é sintetizado assim:

> Na medida em que o historiador está implicado na compreensão e a explicação dos acontecimentos passados, um acontecimento absoluto não pode ser atestado pelo discurso histórico. A compreensão — mesmo a de um outro singular na vida cotidiana — não é nunca uma compreensão direta, mas uma reconstrução. (v. 1, p. 140)

Se há o tempo histórico, tal como Ricoeur, entre tantos outros, busca analisar, há também o tempo filosófico e, segundo Domingues (1996, p. 88), "a filosofia, quando fala do tempo da história, fala do tempo (tempo do mundo, tempo da alma, tempo da vida) e não da história". Como situar, então, seu sentido? Segundo Whitrow (1980, p. 370), a história da filosofia natural é caracterizada pela interação entre duas filosofias rivais do tempo, uma buscando a eliminação da outra a partir da crença na veracidade irredutível e fundamental de seus argumentos, e o centro da disputa sendo a relação entre o tempo e o mundo externo. Mais, contudo, que tomar posição em meio a uma contenda milenar, meu objetivo é examinar os argumentos dos contendores, definindo-os a partir de suas perspectivas históricas, sendo que, no centro do debate, situa-se a própria existência do tempo: sua objetividade e subjetividade.

O tempo social e o tempo natural não podem ser definidos como realidades estanques. Por outro lado, o ser humano constrói sua temporalidade, que é algo distinto do tempo definido pela natureza, embora, evidentemente, tome-o como fundamento. Afinal, o ser humano é um organismo que vive no tempo – um fluxo contínuo que precisa ser ordenado e normatizado. O próprio mundo, enfim, precisa ser ordenado para que o ato de viver nele se torne viável e o esforço de ordenar o tempo é uma demonstração cabal dessa necessidade de ordenar o mundo.

Se o tempo no qual o ser humano vive é um fluxo, a temporalidade que ele constrói é devir e o próprio ser humano é um ser em permanente processo de construção temporal. Seu mundo é temporal e dotado de uma complexidade ordenada em direção a um futuro imprevisível. Essa imprevisibilidade é o fator que origina as diversas interrogações sobre os sentidos do tempo. Apenas assim o mundo pode ser compreendido e a história fazer sentido, e no centro dessas interrogações situa-se o debate sobre a objetividade e a subjetividade do tempo que passa.

Há, finalmente, um tempo objetivo, marcado pelo relógio e pelo calendário; e um tempo subjetivo, estritamente individual e marcado por acontecimentos mais ou menos relevantes, por ansiedades e esperas, por contatos, aproximações e distâncias que derivam da simbologia outorgada de forma diversa a momentos que se diferenciam, embora sejam quantitativamente homogêneos.

E é essa temporalidade que define as memórias individuais, assim como as identidades pessoais, determinadas pela relação entre passado, presente e futuro. Ou seja, isso ocorre pelo fato de o tempo gerar uma evolução entre identidades que pertencem à mesma pessoa, mas que, por outro lado, embaralham-se de tal forma que esta pessoa tem, frequentemente, dificuldade em reconhecer e aceitar no passado a pessoa que um dia ela foi.

Com isso, a passagem do tempo individual é um tempo cronológico, mas é, também, um tempo que altera a cronologia e faz com que determinados eventos e sensações ganhem uma importância desproporcional em relação à distância temporal na qual se situam, ou em relação ao tempo por eles preenchido na vida das pessoas. A sucessão temporal, tanto para os indivíduos como para as sociedades, não é neutra, gerando a passagem de identidades que são diversas, mas são, ao mesmo tempo, reflexos do único e mesmo ser.

Tanto a memória individual quanto a memória social, afinal, passam pelo mesmo processo de estruturação diversa entre objetividade e subjetividade. O tempo é o que os seres humanos querem que ele seja, ou, em outras palavras, é uma construção intencional. Cada sociedade constrói, portanto, sua temporalidade, que pode ser um registro mais ou menos fiel de seu passado. E cada sociedade define o tempo a partir de seu modo de vida, que não é hoje, evidentemente, o que foi, por exemplo, na sociedade medieval, que definiu, como toda sociedade sempre o fez, uma temporalidade adequada ao seu trabalho, às suas tarefas e aos seus *mores*. Como o processo ocorre é descrito por Octavio Paz (1982, p. 69):

> O tempo não está fora de nós, nem é algo que passa à frente de nossos olhos como os ponteiros do relógio: nós somos o tempo, e não são os anos, mas nós que passamos. O tempo possui uma direção, um sentido, porque ele é nada mais que nós mesmos.

Toda temporalidade, portanto, é subjetiva, o que é constatado, por exemplo, por Sartre. Segundo Bornheim (1971, p. 64), "é pela subjetividade que Sartre testa a fundamentação da temporalidade; toda compreensão 'exterior' da temporalidade falsifica seu 'objetivo' ". E há, para Sartre, ainda segundo Bornheim (p. 70), "uma temporalidade original, da qual somos a temporalização; mas há também uma temporalidade psíquica, 'evidentemente derivada', e que inaugura todo um mundo de vivência".

A definição da construção subjetiva da vivência temporal não é, contudo, uma constatação original. Já havia sido elaborada em Roma por um filósofo neoplatônico e discípulo de Plotino como Porfírio (*Sentenças*, XLIV), para quem o tempo, em vez de configurar o que aparenta ser uma unidade, atua como um movimento que muda em relação aos sentidos.

A própria sucessão temporal, por fim, é na perspectiva de Locke uma construção temporal (1999, v. 1, p. 230):

> É evidente para quem observar o que acontece na sua própria mente, que há uma sucessão de ideias que constantemente se sucedem umas às outras no seu entendimento enquanto está acordado. A reflexão sobre este aparecimento de várias ideias, uma após outra, em nossa mente é o que fornece a ideia de sucessão e a distância entre quaisquer partes dessa sucessão, ou entre o aparecimento de duas ideias na nossa mente.

E, para o autor, "a sucessão constante e uniforme de ideias em um homem acordado é, por assim dizer, a medida e o padrão de todas as demais sucessões" (v. 1, p. 235).

Pensar os sentidos do tempo, então, significa pensar a subjetividade desses sentidos, e compreender como tal subjetividade foi historicamente construída é, igualmente, um de meus objetivos.

Tal subjetividade, contudo, parece inexistir no cotidiano e não o assombra. A existência cotidiana do tempo é desprovida de profundidade. Não é enigmática, não é filosófica, mas desprovida de mistérios. Ajusta-se à banalidade repetitiva dos atos diários que, por isso, são aparentemente infindáveis e não apontam para um horizonte no qual quem os pratica situe alguma forma de redenção que se expresse no dia a dia. Por isso, indagar sobre os sentidos do tempo parece algo despido de significação imediata.

O que vivemos no cotidiano e o que pode nos assombrar é a presença da ausência, ou seja, a maneira como a interação entre presença e ausência se dá na continuidade da atividade cotidiana, o que faz com que seja uma interpolação entre ambas. É a ausência, inclusive a morte, isto é, nossa ausência futura, que faz, habitualmente, com que o ser humano reflita sobre o tempo e tome consciência, em meio aos seus afazeres cotidianos, de sua subjetividade, de sua precariedade e de sua inexatidão; uma inexatidão que assombrou tantos pensadores em tantos períodos e contextos históricos distintos.

O ato de medir o tempo deve, então, tomá-lo como algo estritamente objetivo, ou seja, como um fenômeno natural desprovido de qualquer subjetividade, e é nesta temporalidade que as pessoas habitualmente vivem, sobrevivem e ganham seu sustento. Toda sociedade, para existir, precisa construir esta temporalidade e nela inserir seus membros, sendo a partir dela que os fenômenos sociais incidem sobre o indivíduo, gerando ou formatando sua capacidade de conhecer o social. E a partir dela, inclusive, que esses fenômenos são construídos, mensurados e ganham sentido histórico. Mas, como uma sombra, ou como um duplo inescapável, a subjetividade permanece.

Castoriadis (1991, p. 246) diferencia:

> O tempo instituído como identitário é o tempo como demarcação, ou tempo das medidas. O tempo instituído como imaginário (socialmente imaginário, entenda-se) é o tempo da significação ou significativo.

Há, portanto, uma distinção entre o tempo medido e o tempo significado, sendo que a dimensão deste tempo não abrange, necessariamente, a dimensão cronológica, o que gera a existência de séries temporais cujo sentido é definido por Elias (1998, p. 108):

> A operação de "determinação do tempo" consiste em relacionar os sucessivos aspectos apresentados por pelo menos duas séries de acontecimentos, uma das quais é socialmente padronizada para servir de padrão de medida das posições ou intervalos no interior da sucessão de acontecimentos que as outras séries comportam.

Temos, então, uma dualidade entre séries temporais distintas, o que faz com que o tempo seja uma categoria ao mesmo tempo exata e inexata. E a constatação dessa contradição inerente à própria existência do tempo fica nítida quando, de forma um tanto aleatória, elencamos algumas reflexões que ajudam a nortear e demarcar a análise a ser efetuada nas páginas seguintes.

O primeiro aspecto a ser sublinhado em relação a essa inexatidão é a sensação de irrealidade por ela produzida. Assim, segundo Sexto Empírico (*Delineamentos do Pirronismo*, III, XIX, p. 136), se nós dependemos da aparência, o tempo parece ser alguma coisa, mas se dependemos de argumentos a seu respeito, ele surge como algo irreal. O debate sobre o tempo tende, portanto, a refutar a aparência de objetividade que o cerca.

Já para Pascal (1984, p. 54), é a própria aparência que ilude a razão, que se perde ao definir de forma objetiva a temporalidade na qual se situa: "Nossa razão é sempre iludida pela inconstância das aparências e nada pode fixar o finito entre os dois infinitos que o cercam e dele se afastam". Simone Weil (1993, p. 56), por fim, assinala a pura e simples inexistência do tempo: "O tempo propriamente dito não existe (a não ser o presente como limite), e, no entanto, é a isso que estamos submetidos. Essa é nossa condição. *Estamos submetidos ao que não existe*". Mas Lucrécio (*Da natureza*, I, p. 460-464), 2.000 anos antes, já havia ressaltado a inexistência do tempo:

> Do mesmo modo, o tempo não existe por si. É dos próprios acontecimentos que vem o sentimento do que se deu no passado, depois do que é presente, em seguida do que há de vir; na realidade, ninguém tem ideia do tempo em si próprio, separado do movimento, das coisas e do seu plácido repouso.

E ainda reforça (p. 477-479):

> Os acontecimentos, sem exceção, não podem, como os corpos, existir ou subsistir por si próprios, nem existir, seja como for, à maneira do vazio: é melhor considerá-los acidentes da economia do espaço, em que tudo acontece.

A inexatidão do tempo se refere, ainda, à sua relação com o espaço. Segundo Whitrow (1980, p. 174), a chamada "espacialização do tempo" é um dos conceitos fundamentais da ciência moderna. E tal conceito é, por exemplo, expresso literariamente por Thomas Mann (1982, p. 8):

> O espaço que, girando e fugindo, roja-se de permeio entre eles e seu lugar de origem, revela forças que geralmente se julgam privilégio do tempo; produz de hora em hora novas metamorfoses íntimas, muito parecidas com aquelas que o tempo origina, mas em certo sentido mais intensas ainda.

O passado, por sua vez, existiu de forma concreta, mas sua lembrança é inexata e esta inexatidão contamina o presente. Em relação ao passado, o presente é continuidade, mas é também ruptura; é herdeiro, mas também renega e subverte a herança que o define e é a porta para o futuro, consequência tanto do presente quanto do passado. Mas, se o passado pode oprimir o presente, o futuro pode também adquirir um sentido de opressão, quando transforma o presente não em momento a ser vivido, mas em mero instrumento para sua elaboração. E, com isso, o próprio passado é posto a serviço de um futuro a ser construído de forma totalizante, do que dá prova inequívoca sua manipulação, por exemplo, pelo stalinismo.

É a experiência passada que, de uma forma ou de outra, determina o presente. Nele, lamentamos o que foi perdido, buscamos compensar essa perda e fazemos isso com o resultado da experiência e do aprendizado. Vivemos, portanto, entre a perda e a recompensa e, entre uma e outra, tanto o indivíduo quanto a sociedade estruturam sua existência e planejam seu futuro.

A própria constatação da existência do tempo tem, em síntese, relação com o passado. Segundo Gadamer (1978, p. 39), a consciência inata da morte, a experiência da juventude e do envelhecimento, a irrevogabilidade do passado, a imprevisibilidade do futuro, a repartição cotidiana do nosso tempo, a planificação de nosso trabalho, tudo isso, de alguma forma, tem relação com o tempo. E tudo o que Gadamer assinala pode ser definido como o fundamento da memória.

A memória pode ser definida como a articulação social e individual do passado e como o caminho encontrado para manter vivo no presente o que já se encontra ausente. Ela age a partir de sensações, imagens e linguagens, formata as tradições e define as identidades. E poucos desejos humanos são tão presentes quanto o de deixar um lugar na memória, ou de evitar o destino póstumo descrito por Dante (*Divina comédia:* Inferno, VIII, p. 17):

> Quantos reis, grandes na vida terrena,
> virão, quais cerdos, atascar-se no lodo,
> fama de si deixando poluída.

A lembrança age não apenas no sentido de preservar o passado, mas também de transformá-lo. Com isso, a memória, no próprio ato de agir sobre sua matéria, faz com que esta seja algo diverso do que foi um dia, transformando o ser que lembra no agente de transformação do passado. A memória, afinal, é seletiva e cria sistemas simbólicos que, uma vez estruturados, orientam o próprio ato de se lembrar de algo.

O tempo, segundo Pucelle (1972, p. 5), é agente de criação e destruição, suscita o novo e acumula ruínas. E é assim que a memória age sobre o passado, permitindo que o novo seja elaborado a partir dele e transformando em ruínas a serem eliminadas, o que não serve mais para o tempo presente ou não poderá ser utilizado no tempo futuro. Mas, entre o passado e o futuro, onde situar o presente? É o que Comte-Sponville (2006) busca esclarecer em sua obra sobre o tema.

Vários dos conceitos a serem abordados nas páginas seguintes e seus respectivos sentidos – o conceito de memória, de eternidade, de presente, e o próprio conceito de tempo – são articulados pelo autor, o que faz com que sua obra possa ser tomada como ponto de partida. O tempo, para ele, é duração, mudança e devir, e acentua Comte-Sponville (2006, p. 89): "Ou o tempo não passa de um ser de razão, uma abstração que forjamos comparando durações diferentes, ou ele é a duração do que é e do que muda: o tempo, se é, só pode ser o devir". E o tempo tem na mudança o pressuposto para sua existência e sua própria realidade:

> Se tudo é presente, tudo é mutável, já que o presente, por definição, é sempre novo: a eternidade, o ser, a matéria, a necessidade, ou o ato não passam de maneiras diferentes de pensar a universal presença do devir, que é o sujeito do tempo e sua única realidade. (p. 139)

Já a subjetividade do tempo não é necessariamente refutada por ele, mas é relativizada. "Se só há sujeito no tempo, o tempo tem de existir fora do sujeito. Se todo sujeito é temporal (histórico), o tempo não pode ser unicamente subjetivo" (p. 43). Há, portanto, uma temporalidade concreta ao lado da temporalidade subjetiva, mas o que interessa a ele – o tempo que ele define como existente – é o presente.

Comte-Sponville (2006, p. 81) ainda ressalta: "A memória passa tanto quanto o resto, o *eu* passa também, e tudo, menos o presente. O tempo permanece, e eu me vou". O presente é o que existe em meio à duração representada pelo tempo e o presente o concentra, o que o autor enfatiza: "O presente é o único tempo disponível, o único tempo real, e longe de ser somente quando cessa de ser, como queria Santo Agostinho, ao contrário, ele não cessa de durar, de continuar, de se manter" (p. 47).

O ser e a duração existem apenas no presente, de forma que "Ser-tempo", para Comte-Sponville (p. 100), é "a unidade indissociável, no presente, do ser e de sua duração". Afirma o autor:

> É o que significa o verbo "ser": ser é permanecer presente durante certo tempo. E é o que significa o tempo: que ele não passa da presença do ser, na medida em que ela continua, em outras palavras, não é senão sua *duração* (que não é um intervalo, mas uma ação). (p. 99)

E o presente, mais que a unidade de tempo existente entre o passado e o futuro, é a unidade de tempo cuja existência pode ser vivenciada, como diz Comte-Sponville (2006, p. 76): "Na verdade, não se pode ir nem ao *futuro* (por exemplo, pulando nem sequer um milionésimo de segundo), nem ao *passado* (e pela mesma razão: porque nunca se pode deixar o presente)". Mas, o risco deste argumento é o de, ao comprimir excessivamente o presente entre o passado e o futuro, reduzindo-o a "um milionésimo de segundo", negar, na prática, também este, gerando uma questão e um impasse: em que tempo vivemos, afinal?

Por ser a única temporalidade efetivamente existente, o presente se confunde com a eternidade: "Se só há o presente e se esse presente dura, ele continua a ser presente. É o que se chama eternidade, não necessariamente como duração infinita" (p. 65). E o autor ressalta: "Dizer que o presente e a eternidade são uma só coisa não impede que se possa pensar um antes e um depois do sucessivo, do irreversível (por exemplo, entre a causa e o efeito) do devir – do tempo" (p. 69). Por isso, ele conclui: "Estamos dentro, sempre dentro, e onde quer que estejamos. A eternidade é nosso lugar, e o único" (p. 82). Mas, se apenas o presente existe, para que se preocupar com o futuro? O autor busca responder a esta questão enfatizando a dimensão ética de sua teoria sobre o tempo: "O verdadeiro tempo da ética não é o futuro: é o presente da ação" (p. 123). Situar a duração no presente não exclui, portanto, a criação de uma dimensão ética que englobe o futuro e vise agir sobre ele. Assim, questiona o autor: "O presente teria *podido* ser outro? Claro, enquanto não era! Mas não pode mais, agora que é" (p. 111). Ele ainda reforça:

> Devemos então renunciar à moral? De jeito nenhum. O fato de toda ação ser necessariamente o que é não prova que todas as ações se equivalham. Devemos renunciar à liberdade? Também não. O fato de todo homem ser necessariamente o que é não o impede de querer mudar, nem de querer *se* mudar. (p. 117)

E finaliza: "De resto, o que leva à inação, à passividade, à frouxidão, não é a ideia de que o futuro não existe. Ao contrário, essa é uma ideia tônica: se o futuro não existe, é que ele está por fazer" (p. 119)! O pensamento do autor ganha, assim, um sentido eminentemente ativo, no sentido de ação que abarca o futuro.

O presente livro é estruturado em quatro capítulos, cujas temáticas têm o estudo do tempo e dos seus sentidos como fundamento. No capítulo 1, intitulado "A passagem do tempo", discuto como ela foi historicamente percebida a partir de perspectivas diversas: religiosa, cultural, social e política. No capítulo 2, intitulado "A história do tempo", faço uma breve síntese das temporalidades históricas, da Antiguidade aos dias de hoje. No capítulo 3, intitulado "A datação do tempo", abordo os diferentes processos históricos de mensuração do tempo, tendo em mente a hora, o dia, a semana, o mês, o ano, o século e trabalhando, inclusive, o conceito de eternidade, ou seja, o tempo fora do tempo. E no capítulo 4, intitulado "Olhares sobre o tempo", abordo uma série de autores, de Platão a Bergson, que se debruçaram sobre o tema e estudo o olhar que cada um lançou sobre o tempo.

Capítulo 1
A passagem do tempo

1.1 O primitivismo e a tradição

Toda memória é ao mesmo tempo individual e social. Há um tempo social que condiciona o tempo vivido pelos indivíduos em seu cotidiano, mas vai ainda mais longe, definindo o conteúdo das memórias individuais, fazendo, assim, com o que é aparentemente de natureza estritamente individual seja condicionado a partir de parâmetros socialmente definidos.

Também a cultura tem sua temporalidade definida a partir desses parâmetros, fazendo com que a percepção cultural seja definida no tempo e transformada a partir de temporalidades distintas. Toda intuição é cultural e cada cultura define e constrói o tempo de forma distinta em diferentes períodos históricos. Mas, há mais que isso: a própria diferenciação entre períodos históricos segue parâmetros elaborados *a posteriori*, ou seja, a partir da cultura na qual vivem os historiadores que os definem.

Todo período histórico, por sua vez, mensura seu próprio tempo e, com isso, define a estrutura da vida de seus membros, mas tais mensurações foram historicamente diversas e mesmo opostas. Calendários os mais diversos foram utilizados e os significados dados ao tempo cronometrado pelos relógios foram distintos, sendo os significados conferidos aos próprios relógios mudados consideravelmente de um período histórico para outro e de uma sociedade para outra no mesmo período histórico. A dinâmica de uma sociedade se manifesta a partir da ação recíproca das temporalidades de diferentes setores que constituem a realidade social e tempos sociais sempre se caracterizaram, com isso, pela diversidade, sendo a novidade histórica da sociedade contemporânea, neste sentido, a universalização e homogeneidade do tempo social.

Nesse sentido, destaca Leroi-Gourhan (1985, p. 128):

> O tempo socializado implica um espaço humanizado integralmente simbólico, para que o dia e a noite ocorram a horas fixas nas cidades, em que o Inverno e o Verão estejam reduzidos a proporções médias e em que as relações entre os indivíduos e seu local de ação sejam instantâneas.

Este é o nosso mundo, a nossa temporalidade, mas tal fenômeno é muito recente e se opõe a milênios de temporalidades distintas, nos quais o tempo foi socializado a partir de parâmetros discordantes, que obedeciam a critérios políticos, culturais e religiosos diferenciados, havendo, por exemplo, uma dimensão política do tempo a ser levada em consideração.

O comportamento político de indivíduos e grupos moldou historicamente suas perspectivas de tempo. A forma como o tempo foi mensurado obedeceu, frequentemente, a padrões de hierarquia e legitimidade, seguiu interesses das elites governantes e foi utilizada para assinalar e celebrar ritualmente o uso do poder. Exemplos situados na Grécia, em Roma e na Idade Média podem deixar claro como, historicamente, a dimensão política do tempo foi demarcada. Assim, Mossé (2004, p. 70) descreve a divisão política do tempo efetuada em Atenas a partir de Clístenes:

> O ano seria dividido em 12 pritanias, ou seja, 10 períodos de duração aproximadamente igual durante os quais os 50 *bouletai* de uma tribo asseguravam a continuidade do poder na cidade e presidiam as sessões da *Eclésia*, cuja periodicidade passava a ser fixa.

Aqui, a estruturação do calendário segue critérios eminentemente políticos, mas o próprio conhecimento do calendário – sua posse por parte das elites dominantes – serviu, em Roma, como arma nas mãos dessas elites, o que se transformou em motivo de lutas políticas pelo que pode ser definido como a posse política do tempo. Dessa forma, o calendário, em Roma, era um segredo compartilhado apenas pelo clero e por patrícios, o que lhes concedia uma grande vantagem em termos religiosos e econômicos e o que gerou uma revolta em 304 a.C. quando a plebe reivindicou e conseguiu acesso ao calendário que, agora, tornou-se de conhecimento público.

E, 1.600 anos depois, em 1350, Carlos X ordenou, na França, que todos os relógios tocassem de hora em hora em consonância com o relógio instalado no palácio real. O que temos, no caso, da mesma forma com o que havia ocorrido na Grécia e em Roma, foi uma tentativa de apropriar-se politicamente do tempo, fazendo com que este fosse sincronizado simbolicamente a partir do poder real, que seria, com isso, constituído em seu parâmetro.

Mencionei, até aqui, a temporalidade de sociedades "civilizadas", mas como pensar a temporalidade das sociedades "primitivas"? E até que ponto a distinção entre ambas as temporalidades não faria parte, igualmente, de um jogo de poder no qual a existência de temporalidades distintas serviria para definir a existência de níveis diversos de civilização, justificando, com isso, a dominação do "inferior" pelo "superior"?

Diferentes autores, de uma forma ou de outra, trataram dessa questão. Assim, adjetivos como "mítico", "ritual" ou "tribal" servem, segundo Fabian (2002, p. 30), como formas de criar referências para o discurso antropológico. As temporalidades primitivas, ao se enquadrarem em tais definições, também balizam este discurso no que tange ao estudo dessas sociedades.

O tempo pode ser estudado não apenas como um meio para ordenar sequências de eventos, mas também como um problema social e, consequentemente, como um legítimo objeto de análise sociológica. Porém, no caso das sociedades primitivas, os estudos a ela referentes constataram, com frequência, a ausência de formas de medição de tempo, como se tais sociedades o desconhecessem ou vivessem em um cotidiano alheio à sua mensuração. E o tempo, nestes estudos, ou pelo menos sua mensuração, surge como uma espécie de ausência.

Os nuer, por exemplo – tribo que habita o sul do Sudão e que foi objeto de um estudo clássico feito por Evans-Pritchard –, surgem como um exemplo clássico, na literatura antropológica, de sociedade sem medida de tempo. Assim, relata Whitrow (1993, p. 22): "Os nuer não têm unidade de tempo como horas ou minutos, pois não medem o tempo, pensando apenas em termos de sucessão de atividades". Já segundo Lienhardt (1965, p. 58), "como ocorre com muitos povos livres de relógios e calendários, os nuer se orientam, no tempo, pelo que estão realmente fazendo".

Da mesma forma, em seu estudo sobre os nuer, descreve Evans-Pritchard (1978, p. 116):

> O sistema nuer de contagem de tempo dentro do ciclo anual e das partes do ciclo consiste em uma série de concepções das mudanças naturais e que a seleção de pontos de referência é determinada pela significação que essas mudanças naturais têm para as atividades humanas.

E ressalta: "A pouca profundidade do tempo nuer pode ser avaliada pelo fato de que a árvore sob a qual começou a existir a humanidade ainda estava de pé, na região ocidental da terra nuer, há alguns anos" (p. 121).

Já Firth (1998, p. 191) nos diz em relação aos tikopia: "Esses nativos não têm meios mecânicos de registrar a passagem do tempo em geral. O Sol, a Lua e as estrelas servem de guias, e a coordenação das atividades pode ser efetuada por referência a sua posição". E, estudando uma sociedade tribal do norte da África, Eickelman (1977, p. 42) nos diz como a percepção do ciclo temporal por parte de seus membros varia consideravelmente devido a caprichos sazonais e microecológicos no clima e na queda das chuvas. Ali, segundo Eickelman (p. 45), calendários e relógios são conhecidos e são importantes em alguns contextos, mas a lembrança das coisas passadas depende apenas marginalmente de sua mensuração.

A definição da ausência de meios mecânicos de medição do tempo como uma forma de carência é, por outro lado, contestada por diferentes autores, que assinalam como tal carência, inclusive em termos linguísticos, não pode ser vista, necessariamente, como uma forma de inferioridade.

Dessa forma, segundo Momigliano (1993, p. 159), a carência de uma distinção verbal entre passado, presente e futuro não significa incapacidade de distingui-los. Já a necessidade de efetuar estudos específicos sobre as temporalidades primitivas é enfatizada por Balandier (1976, p. 210):

> Não basta demonstrar pela análise lógica que as sociedades consideradas não escapam à injunção do tempo, da transformação e da história; importa também definir como essa injunção pode ser examinada, definida, experimentada.

Afinal, se essas sociedades desconhecem ou não utilizam os mecanismos ocidentais de mensuração do tempo, isso não significa que elas não possuam suas temporalidades distintas ou não utilizem suas próprias formas de medição do tempo, sendo que diferentes estudos buscaram compreendê-las, indo além da mera constatação, nitidamente etnocêntrica, de sua ausência.

Desse modo, ao fazer sua pesquisa em Bali, Geertz (1978, p. 45) descreve como o calendário balinês "corta o tempo em unidades limitadas, não para contá-las e totalizá-las, mas para descrevê-las e caracterizá-las, formular sua significação diversa, social, intelectual e religiosa". E, segundo Bloch (1977, p. 285), as evidências recolhidas a partir do estudo dos balineses não comprovam a existência de diferenças entre as noções de tempo utilizadas em diversas culturas, mas apenas que, em contextos rituais, os balineses empregam uma noção de tempo diferente da noção utilizada em contextos mundanos.

O que é enfatizado com frequência nestes estudos é o sentido simbólico dado ao tempo e à sua medição nestas sociedades. Assim, os homens primitivos, segundo Gurevich (1983, p. 36), concebem o tempo e o espaço não como coordenadas neutras, mas como forças poderosas e misteriosas que regem todas as coisas provindas dos homens e mesmo dos deuses. Com isso, a continuidade que caracteriza a temporalidade ocidental não se faz presente e, de acordo com Whitrow (1980, p. 54), a intuição do tempo dos homens primitivos é dominada mais pelo senso de ritmo que pela ideia de uma sucessão contínua. Por fim, segundo Hama (1978, p. 172), no pensamento animista a temporalidade corporal e a atemporalidade são fortemente unidas, estando ligadas, ainda, a partir da unidade material e espiritual entre seres e coisas.

Se alguns autores pensam a temporalidade primitiva em termos de ausência, um autor como Bakhtin a celebra, definindo-a como uma temporalidade voltada para a união coletiva e para a construção do futuro. Bakhtin destaca: "As formas básicas do tempo produtivo e fecundo remontam ao estágio agrícola primitivo do desenvolvimento humano" (1998, p. 317). Assim, ele ressalta as características dessa temporalidade e nos diz: "Este tempo está voltado ao máximo para o futuro. É o tempo da preocupação com o trabalho coletivo do futuro: para o futuro se planta, colhem-se os frutos, acasala--se" (p. 318). E conclui:

> E este tempo está todo integrado no seu curso, ele não conhece nenhuma base imóvel e estável. Todas as coisas – Sol, estrelas, terra, mar etc. – são dadas para o homem não como objetos de contemplação individual (poética) ou meditação desinteressada, mas exclusivamente no processo coletivo do trabalho e da luta com a natureza. (p. 319)

Mircea Eliade, finalmente, estuda a temporalidade primitiva, articulando-a a partir de três eixos: o sagrado, o mito e a tradição.

Nessas sociedades, apenas o que participa da esfera do sagrado, segundo o autor, é dotado de significado e se insere efetivamente no tempo:

> Podemos dizer, de modo geral, que o mundo arcaico ignora as atividades "profanas": qualquer ação com significado determinado – caça, pesca, agricultura, jogos, conflitos, sexualidade etc. – participa, de certo modo, no sagrado. (1993, p. 42)

E, com isso, o sagrado e a realidade se confundem:

> É claro que, para a mentalidade arcaica, a realidade se manifesta como força, eficácia e duração. Por isso, o real por excelência é o sagrado; porque só o sagrado o é de uma maneira absoluta, age eficazmente, cria e faz durar as coisas. (p. 26)

Ele usa o conceito de arquétipo para definir o processo de construção da temporalidade primitiva, uma vez que nela, para o autor, o arquetípico e o profano formam mundos excludentes. Afinal, para a mente primitiva, segundo Eliade (1958, p. 401), o tempo antigo consiste na sucessão profana de todos os eventos desprovidos de sentido, ou seja, que não seguem modelos arquetípicos.

A tradição, nessas sociedades, remete aos mitos fundadores, ou seja, aos atos paradigmáticos executados originariamente por deuses e heróis, no que o autor salienta:

> Devemos acrescentar que, para as sociedades tradicionais, todos os atos importantes da vida cotidiana foram revelados *ab origine* por deuses ou heróis. Os homens apenas repetem até ao infinito esses gestos exemplares e paradigmáticos. (1993, p. 47)

Com isso, a "concepção ontológica primitiva" possui a seguinte característica:

Um objeto ou ação só se tornam reais na medida em que imitam ou repetem um arquétipo. Assim, a realidade só é atingida pela repetição ou pela participação; tudo o que não possui um modelo exemplar é "desprovido de sentido", isto é, não possui realidade. (p. 49)

O permanente retorno às origens se traduz, ainda, em termos de nostalgia perante uma mítica e primordial era dourada, o que é definido como um aspecto das sociedades tradicionais: "A sua revolta contra o tempo concreto, histórico, a sua nostalgia de um regresso periódico ao tempo mítico das origens, à Idade do Ouro" (p. 11).

E essa nostalgia ganha, na passagem do Ano Novo, o sentido de uma celebração cosmogônica e de uma regeneração periódica do Universo no qual a humanidade retoma o contato com suas origens e se rejuvenesce a partir desse contato, sendo este, pelo menos, o sentido que o autor confere à celebração do Ano Novo por parte dessas sociedades.

Eliade (p. 76), então, nos diz:

A criação do mundo repete-se todos os anos. Essa repetição eterna do ato cosmogônico, que transforma cada Ano Novo na inauguração de uma Era, permite o regresso dos mortos à vida e acalenta a esperança dos crentes na ressurreição da carne.

E continua: "A Antiguidade e a universalidade das crenças relativas à Lua provam-nos que, para um primitivo, a regeneração do tempo se processa continuamente, no intervalo que constitui o 'ano' " (p. 101).

Tal processo corresponde à criação de uma ontologia, e Eliade (p. 101) descreve seus objetivos:

Podemos falar de uma ontologia arcaica, e só por meio dela compreenderemos — e, por isso, não desprezaremos

– o comportamento do "mundo primitivo", até mesmo o mais extravagante; com efeito, esse comportamento corresponde a um esforço desesperado para não perder o contato com o ser.

Com isso, conclui o autor, o homem que vive nessas sociedades dispõe de um poder, de uma liberdade e de uma capacidade de criação que o homem "civilizado" ignora, no que Eliade (p. 169) enfatiza:

> Assim, para o homem tradicional, o homem não oferece nem o modelo de um ser livre nem de um ser criador de história. Pelo contrário, o homem das civilizações arcaicas pode orgulhar-se do seu modo de existência, que lhe permite ser livre e criar. Ele pode ser mais do que foi, pode anular a sua própria "história" pela abolição periódica do tempo e pela regeneração coletiva.

E ressalta:

> Por outro lado, o homem arcaico tem certamente o direito de se considerar mais criador do que o homem moderno, que só se define como criador de história. Realmente, todos os anos ele participa na repetição da cosmogonia, o ato criador por excelência. (p. 170)

O que diferencia a temporalidade primitiva da temporalidade histórica, para o autor, é a ausência de continuidade, uma vez que para a mente primitiva, segundo Eliade (1958, p. 389), o tempo não é homogêneo, aparecendo sob diferentes formas e variando de intensidade e sentido. Com isso, "o homem das civilizações tradicionais não atribuía ao acontecimento histórico um valor em si, isto é, não o via como uma categoria específica do seu próprio modo de existência" (1993, p. 153).

Mas a relação dessas sociedades com o devir histórico é definida como ambígua. Segundo o autor, "a humanidade arcaica defendia-se como podia contra tudo o que a história implicava de 'novo' e de 'irreversível' " (1993, p. 62). Mas a memória do homem primitivo, para o autor, "acaba por descobrir (sem dúvida, menos intensamente do que a de um homem moderno) a irreversibilidade dos acontecimentos, ou seja, acaba por registrar a 'história' " (p. 90).

A relação entre tradição e história não é, portanto, de pura e simples exclusão, havendo, nestas sociedades, um processo de aprendizado e absorção do devir histórico pelo qual o instante entre o passado e o futuro é assinalado e no qual o passado é visto como algo concreto, e não apenas como uma entidade mítica. Dumont (1992, p. 254) destaca:

> A sociedade tradicional em geral se vê estável, ela se livra do tempo vivido por meio do mito, que transfere a realidade vivida para o plano da eternidade do pensamento, e por meio do rito de passagem, que regulariza o escoamento da duração em um século de estados estáveis como calhas que se comunicassem por meio de eclusas rituais.

Mesmo nesse contexto, entretanto, o presente insiste em reafirmar a sua presença, ainda que para o desgosto de quem prefere manter o apego à tradição, e Ranger (1984, p. 265) descreve, por exemplo, o uso da tradição em sociedades africanas:

> Os mais velhos reafirmaram seu controle sobre assuntos locais queixando-se de que os mais jovens estavam desrespeitando as tradições; os homens reforçavam sua autoridade sobre um sistema econômico e social em transformação queixando-se de que as mulheres estavam desrespeitando as tradições.

O que temos, no caso, é um processo de transformação que termina confrontando e pondo em questão a estabilidade ressaltada por Dumont. Afinal, todo processo histórico é estruturado, em linhas gerais, a partir de um confronto entre o antigo e o novo.

Se as sociedades primitivas são frequentemente comparadas ao Ocidente a partir das diferentes mensurações do tempo existentes em uma sociedade e em outra, as sociedades orientais são associadas à predominância da tradição e a uma temporalidade vinculada antes à tradição que à mudança, de caráter antes religioso que profano.

É o que enfatiza, ao comparar, Larre (1975, p. 43): "Em uma civilização agrária arcaica, a noção de tempo se confunde com a mais concreta e mais diversificada de 'estações'. Em quase toda a China o ano conhece Quatro Estações, de consistência notável". É ressaltada, no caso, a continuidade entre concepções arcaicas do tempo e a divisão do tempo tal qual existente entre os chineses. Needham (1977, p. 234) define como um dos fatores que impediram o surgimento da ciência moderna na China o fato de a filosofia tradicional chinesa estar obrigada a dividir o tempo em compartimentos ou segmentos separados, no qual tornou mais difícil o surgimento de um Galileu que uniformizasse o tempo em uma coordenada métrica abstrata, criando uma pressão contínua suscetível de tratamento matemático. O que é realçada, portanto, é a ausência de uma continuidade temporal capaz de conferir ao tempo o sentido abstrato que ele ganhou entre os ocidentais.

Com isso, o tempo perde sua dimensão histórica e no Japão, por exemplo, segundo Wilson (1980, p. 557), como em toda cultura de longa duração, há poucas ocasiões nas quais uma crise possa turvar a identidade entre o tempo e a história. Ainda segundo o autor (p. 569), nada nos anais japoneses antes de 1868 preparou o pensamento em termos históricos para o divórcio entre tempo e história que representaria a Restauração Meiji que ocorreria neste ano. E o conceito de escatologia não possui equivalente no Japão (p. 559).

Não teria ocorrido ainda, no Oriente, o processo de desvinculação entre a temporalidade profana e a temporalidade sagrada, com a manutenção desses vínculos, fazendo parte de um processo mais amplo, no que Braudel (2004, p. 171) acentua em relação ao Extremo Oriente:

> O religioso se confunde com todas as formas da vida humana: o Estado é religião, a filosofia é religião, a moral é religião, as relações sociais são religião. Todas essas formas participam plenamente do sagrado. Tiram, sem dúvida, dele sua tendência à imutabilidade, à perpetuidade.

E, por fim, assinalando o mesmo fenômeno e a mesma distinção, mas a diferenciando, Loy (1998, p. 217) frisa a existência, no Oriente, de uma oposição entre a impermanência presente no modo de ver budista e a imutabilidade concedida a Brahma nos textos védicos.

1.2 A gênese, o ciclo, o milênio

A gênese, ou seja, a origem, é, em todas as sociedades, um tempo mitológico no qual eventos primordiais deram origem às crenças e instituições sociais e as justificam. Se as coisas são assim – este é o argumento – é porque assim foi feito no início dos tempos. Nesse contexto, o que possui valor hoje deriva seu sentido da temporalidade primordial na qual heróis e deuses criaram o mundo.

Mesmo a desobediência aos deuses foi fundamental para a criação do mundo, sendo que dessa desobediência nasceram o ser humano e a temporalidade humana, que é humana precisamente por ter sido dissociada da esfera divina. Adão e Eva, ao desobedecerem, deram origem à raça humana, e Prometeu, ao desobedecer, deu a ela o fogo e, com isso, civilizou-a. Mas ambos os acontecimentos ocorreram no tempo primordial, que foi perdido, por outro lado, devido à desobediência que deu início à temporalidade profana.

A origem de uma civilização específica também possui, com frequência, uma explicação mítica, sendo a partir desta que, por exemplo, Virgílio (*Eneida*, XII, XIII) descreve o surgimento de Roma:

> Muito sofreu na guerra, antes que em Lácio
> cidade erguesse e introduzisse os deuses
> d'onde a gente Latina origem teve,
> d'Alba os padres, e os muros d'alta Roma.

O surgimento do mundo a partir da ação de Deus é descrito em Gênesis (1, 1): "No princípio criou Deus os céus e a terra". Mas lemos também, nos Provérbios (8, 22-24), como a Sabedoria foi criada:

> O Senhor me possuiu no princípio de seus caminhos, e antes de suas obras mais antigas. Desde a eternidade fui ungida, desde o princípio, antes do começo da terra. Antes de haver abismos fui gerada, e antes ainda de haver fontes carregadas de água.

E também a fé em Cristo existe desde antes do nascimento do mundo, como lemos em Efésios (1, 4): "Como também nos elegeu nele antes da fundação do mundo, para que fôssemos santos e irrepreensíveis diante dele em caridade".

Temos aqui a descrição das diferentes etapas de uma criação cosmogônica, e Eliade (1993, p. 39) destaca: "A cosmogonia represeta a criação por excelência". Mas, em relação à criação cosmogônica, Piettre (1997, p. 179) coloca a seguinte questão:

> Se o mundo tem um começo e não tem um passado infinito, ele não surge de alguma coisa que o precede – a menos naturalmente se supusermos que um Deus criou o mundo. Mas, como pensar em um começo absoluto, como imaginar que o mundo tenha podido originar-se do nada?

A questão posta por Piettre remete à existência de um início de tudo, uma espécie de início antes do início, e tal questão, evidentemente, não possui resposta. Mas este início absoluto, tanto na civilização grega quanto na civilização judaica, tem relação com a definição da água como elemento primordial.

Assim, lemos em Gênesis (1, 2): "Ora, a terra mostrava ser sem forma e vazia, e havia escuridão sobre a superfície da água de profundeza; e a força ativa de Deus movia-se por cima da superfície das águas". De forma semelhante lemos em Homero (*Ilíada*, XIV, p. 246) a menção ao "Rio oceano, que é a origem primeva de todos os seres". E, por fim, lemos em Hesíodo (*Teogonia*, v. 337): "Tétis gerou de Oceano os rios rodopiantes".

Mas há, também, uma distinção mencionada por Eliade (1998, p. 206): "O tempo – que tem, por assim dizer, sono quando se trata das águas – é vivo e infatigável quando a Terra gera. As formas vivas aparecem e desaparecem com uma rapidez fulminante". Afinal, se o Universo nasce da água, os seres humanos e os animais nascem da terra. Lemos, então, em Gênesis (1, 24): "E disse Deus: produza a terra alma vivente conforme a sua espécie; gado e répteis, e bestas-feras da terra conforme a sua espécie. E assim foi". E Platão (*Político*, p. 269b) afirma a respeito do reino de Cronos: "Diz-se também que os homens, nesses tempos, nasciam da terra, e não uns de outros".

O ser humano pode, por fim, ser criado por Deus como, mais uma vez, lemos em Gênesis (1, 24): "E criou Deus o homem à sua imagem; à imagem de Deus o criou; macho e fêmea os criou". Mas a criação de deuses e homens pode partir do mesmo princípio. Enfim, como assinala Hesíodo (*Os trabalhos e os dias*, p. 108), "deuses e mortais têm a mesma origem".

Depois da gênese, no contexto das concepções cíclicas do tempo, veio o ciclo. E, de acordo com essas concepções, se o tempo teve um início, ele não terá um fim.

O intervalo de tempo marcado pelo relógio é linear, definido com base em intervalos absolutamente homogêneos e neutros, que são idênticos, mas nunca se repetem, de forma que um momento passado não possui possibilidade de retorno. Já o tempo cíclico recusa a homogeneidade do tempo definido por cronômetros, uma vez que toma como base o retorno de momentos passados ou mesmo o eterno retorno desses momentos. E, ao contrário do tempo quantitativo dos relógios, ou seja, ao contrário da temporalidade linear, que é quantitativa, a temporalidade cíclica é essencialmente qualitativa, uma vez que é composta de espaços de tempo diferenciados em termos simbólicos e valorativos.

Por outro lado, a ocorrência de paralelismos e contiguidades entre as concepções de tempo histórico e tempo linear não foi historicamente incomum, o que impede o estabelecimento de uma clivagem absoluta entre ambas as concepções, uma vez que a combinação entre a linearidade temporal e a perspectiva cíclica do tempo, baseada em sua estruturação mítica e possuindo contornos mais poéticos que científicos, pode ser observada sob diferentes formas ao longo da história.

Todorov (1993, p. 81) acentua a existência dessa convergência em nosso próprio sistema de datação:

> Nossa cronologia tem duas dimensões, uma cíclica e a outra linear. Se digo "quarta-feira, 25 de fevereiro", apenas indico o lugar do dia no interior de três ciclos (semana, mês, ano); mas, ao acrescentar "1981", submeto o ciclo à progressão linear, já que o cômputo dos anos segue uma sucessão sem repetição, do infinito negativo ao infinito positivo.

Já segundo Leach (2000, v. 1, p. 174), a noção inglesa de tempo abrange pelo menos dois diferentes tipos de experiência que são logicamente distintas e, inclusive, contraditórias, que são a noção de tempo como repetição e a noção de tempo como não repetição.

Mas as diferenças entre ambas as noções, por sua vez, são radicais, e as vivências relacionadas a cada uma são radicalmente distintas.

Da mesma forma, a entrada no tempo cíclico demanda a celebração de rituais, e Terrin (2004, p. 45) descreve em relação aos *ritos cíclicos*: "Esses ritos revestem-se de uma importância especial sobretudo para aquelas religiões que têm uma tendência maior a enfatizarem os fenômenos naturais como paradigma para sua experiência religiosa".

Esses costumam ser ritos de passagem que, geralmente, não possuem a mesma necessidade vital em relação ao tempo cíclico, e os astecas e os chineses, por exemplo – dois povos que construíram temporalidades cíclicas –, conheceram e praticaram tais rituais. Assim, segundo Cooper (1998, p. 373), os ritos de passagem chineses por ocasião dos ciclos de vida relacionados ao nascimento, casamento e morte alcançaram um alto grau de padronização ao longo dos séculos. E Gruzinski (2003, p. 36) destaca sobre os astecas:

> A determinação da correspondência entre os ciclos regia a ordem de passagem e chegada à superfície terrestre de forças fastas e nefastas que agiam sobre o indivíduo, envolvido desde o nascimento em engrenagens cujo movimento ultrapassava, sem, contudo, aniquilá-lo completamente.

Temos, em ambos os casos, a criação de ritos de passagem vinculados a ciclos cujas dimensões ultrapassam a vida e o conhecimento, estando inseridos em uma temporalidade que os transcende. E ritos de iniciação são também ritos de retorno. Representam a volta a um tempo primordial no qual a ordem temporal ainda não havia sido estabelecida, com o iniciado precisando passar por provações que comprovem ter ele efetuado este retorno e voltado incólume ao presente ordenado e sacralizado; daí o caráter doloroso de tantos desses ritos para quem precisa se submeter a eles.

O tempo cíclico transcende, também, a esfera profana, sendo um tempo eminentemente sagrado. Trata-se, afinal, de um tempo mítico, cuja origem remonta a uma temporalidade sagrada que normalmente é desvirtuada pela ação humana, e trata-se de um tempo que, como tal, opõe-se ao tempo histórico, visto, em contraste, como parte de uma temporalidade infinitamente mais longa, sendo desprovido de valor e sentido quando dissociado dessa temporalidade.

O que faz com que o tempo profano seja desprovido de valor é que nele tudo se repete e nada surge de novo, uma vez que a concepção cíclica do tempo exclui a ocorrência do novo no mundo, o que já fica claro quando lemos em Eclesiastes: (1, 10-11):

> Há alguma coisa que se possa dizer: Vê, isto é novo? Já foi nos séculos passados, que foram antes de nós. Já não há lembrança das coisas que precederam; e das coisas que hão de ser também delas não haverá lembrança, nos dias que hão de vir.

E trata-se de um tema que é retomado, por exemplo, por Marco Aurélio (*Meditações*, XI, p. 1), que assinala:

> Mais que isso, percorre o mundo todo, o espaço circundante e sua forma, penetra no infinito do tempo, abarca a reprodução periódica do Universo, considera todos os aspectos e verifica que nada de novo verão nossos pósteros, nem viram nada mais notável nossos predecessores, mas de certo modo, por menos inteligência que tenha, o quarentão viu, em retrato, todo o passado e todo o futuro.

Tais palavras opõem-se, porém, à concepção cristã do tempo, uma vez que a concepção cíclica do tempo tem seu fundamento na crença do declínio do Universo, que precisa ser recriado a partir de sua regeneração cíclica. Com isso, a renovação do ser inclui inevitavelmente a sua queda e a existência continuamente renovada do mundo possui como reverso o seu contínuo desaparecimento.

Tal crença é, porém, diametralmente oposta à escatologia judaico-cristã, que situa o fim do Universo em um Advento externo a ele, que gera seu fim sem que tal acontecimento seja precedido por alguma forma de declínio, sendo, pelo contrário, comumente antecedido por uma situação de prosperidade aparente e pecaminosa.

Isto faz, por exemplo, com que Santo Agostinho se veja obrigado a explicar a mencionada passagem do Eclesiastes, sem, necessariamente – uma vez que pertence às Sagradas Escrituras – refutá-la. Assim, Santo Agostinho (*Cidade de Deus*, XII, XVIII) acentua em relação a ela: "Muito longe está de nossa reta fé acreditar que tais palavras de Salomão significam os citados circuitos imaginários, de modo que a volubilidade do tempo e dos seres temporais torne sempre ao mesmo". E usa a morte de Cristo como argumento: "Cristo morreu uma vez apenas, por nossos pecados e, ressuscitado entre os mortos, já não morre e a morte já não terá domínio sobre ele".

A concepção cíclica do tempo fundamenta, igualmente, diferentes visões da vida após a morte. Está presente no hinduísmo, no pensamento pitagórico, e Virgílio (*Eneida*, VI) descreve a vida após a morte com base em nítidas ressonâncias pitagóricas, concluindo:

> Quando todas essas almas viram girar a roda durante 1000 anos, um deus as convoca em longa fileira no Rio Letes, para que, esquecidas do passado, revejam a abóboda do ato e comecem a querer voltar a um corpo.

E temos aqui uma evidente convergência com o conceito hinduísta de *karma*.

O que temos nesse trecho é a descrição de uma repetição incessante, de um eterno retorno ao qual Eliade (1993, p. 137) acentua: "Do ponto de vista da eterna repetição, os acontecimentos históricos transformam-se em categorias e retomam assim o estatuto ontológico que possuíam no panorama da espiritualidade arcaica". Já Schopke (2009, p. 452) o define: "É o devir que retorna, mas não ao fim de um Grande Ano. Ele retorna incessantemente, criando e recriando todas as coisas incessantemente".

Tal temporalidade, por sua vez, pode ser definida como a antítese da temporalidade moderna, no que igualmente salienta Schopke (p. 75):

> No nosso mundo, a questão do tempo quase nunca abrange a possibilidade do eterno retorno, até porque parece que a ciência escolheu a hipótese do Universo em expansão (o que torna o retorno um tanto impossível – pelo menos se o entendemos como retorno do absoluto e do *mesmo*).

Já Benjamim (2006, p. 386) descreve sua origem:

> A ideia do *eterno retorno* devia todo seu esplendor ao fato de não ser mais possível contar com certeza com o retorno de certas situações em prazos mais curtos do que aqueles oferecidos pela eternidade. Paulatinamente, as constelações cotidianas começaram a tornar-se. Seu retorno foi tornando-se cada vez mais raro e com isso surgiu um sombrio pressentimento de que seria preciso contentar-se com constelações cósmicas.

O tempo cíclico tem como fundamentos o retorno e a repetição, o que fica claro pela comparação entre diferentes sistemas religiosos e de pensamento. Assim, Cohn (1996, p. 141) reforça a existência no zurvanismo, que pode ser definido como uma espécie de heresia derivada do zoroastrismo, de um esquema de sucessivas épocas do mundo: "Segundo tal esquema, influenciado pelas especulações dos astrônomos babilônicos sobre o Grande Ano, o 'tempo limitado' era dividido em vários momentos idênticos".

Já no pensamento chinês, segundo Granet (1959, p. 62), a virtude própria do tempo é proceder de revoluções, sendo que sua natureza cíclica o irmana com o redondo e o opõe ao espaço, cujo primeiro caráter é ser quadrado. Os chineses decompõem o tempo em períodos, definindo cada uma das partes componentes a partir de uma série de atributos (p. 66). Em ambas as concepções o tempo é estruturado a partir de momentos que se repetem de maneira infindável, voltando indefinidamente. Mas essa repetição não é homogênea, sendo marcada pelo sentido de declínio que assinala as concepções cíclicas de temporalidade, gerando um processo descrito por Eliade (1972, p. 50): "O decorrer do Tempo implica o distanciamento progressivo do 'princípio' e, portanto, a perda da perfeição inicial. Tudo o que dura se desfaz em pó, degenera e acaba por perecer".

O conceito de declínio é inseparável do conceito de eterno retorno. É como se as coisas terrenas – o próprio mundo – precisassem decair e perecer periodicamente para que possam retornar ao seu início, renascendo agora em uma nova Idade de Ouro e dando início a um novo ciclo. Não há retorno sem declínio, não há renascimento sem morte e tal ciclo independe da vontade humana.

É como se a raça humana não pudesse existir além da conta, gerando um sentimento de inexorabilidade expresso por Montaigne (1972, p. 438), quando afirma: "Parece-me terem os astros decretado que já duramos demais". E um sentimento que fica claro a partir dos rituais astecas, no que Santos (2002, p. 281) salienta em relação a um texto asteca: "A análise da *Leyenda de los soles* permite-nos perceber que, apesar dos sacrifícios para manter o Quinto Sol em movimento, este Sol terá o inevitável destino dos sóis anteriores, ou seja, a destruição". Tanto um autor francês do século XVI quanto os astecas, portanto, expressam literária e ritualmente o mesmo desalento.

Imperador adolescente, associado a orgias e à introdução em Roma de Baal, o deus-Sol proveniente da Síria, Heliogábalo teve seu nome associado à decadência romana, mas tal associação teve como base principalmente sua faixa etária. Foi como se seu reinado simbolizasse o desaparecimento de uma temporalidade marcada pela tradição e por virtudes primordiais. E, a partir do século XIX, este mito foi retomado diversas vezes, resgatando uma tradição que em Montesquieu, em Gibbon e em Montaigne, descrevia Roma como o território idílico da tradição perdida.

Tal tradição associa-se, por sua vez, a uma percepção histórica descrita por Burke (1997, p. 69):

> Ainda no século XVIII, os homens educados tinham menos propensão a ver a sua própria idade "esclarecida" como um tempo de progresso irreversível do que a considerá-la como a fase ascendente de um ciclo que na sua devida hora seria seguida pelo declínio.

Mazzarino (1991, p. 140) também descreve como tal tradição seria renovada no século XIX: "Com sua atitude em grande parte voluntarista e vitalista, o século XIX, como que sem perceber, introduziu no conceito genérico de decadência um aspecto por assim dizer biológico". Trata-se, para o autor, do conceito de velhice dos Estados e dos homens.

Segundo Mondolfo (1968, p. 75), "o ciclo se encerra partindo do estado divino da imortalidade e voltando a ele: o termo se une ao princípio e, desse modo, do domínio do ilimitado voltamos aos domínios do infinito temporal". Com isso, o tempo cíclico se projeta além do tempo: se torna atemporal por se tornar eterno.

O tempo linear é hostil ao conceito de eternidade, pelo menos à eternidade profana, uma vez que o que segue um desenvolvimento linear terá necessariamente um fim. Já o tempo cíclico, por ser contínuo, uniforme e circular é eterno e se confunde com a eternidade, gerando-a e sendo por ela gerado. É apenas nele que o conceito de imortalidade pode ser associado à vida terrena: imortalidade não dos corpos, mas das almas, que vivem em permanente processo de transmigração e, no caso do hinduísmo, vivem presas ao *karma* enquanto dele não se libertarem, alcançando o *samsara*.

Os hindus, afinal, criaram um único ciclo de 12.000 anos divinos, cada um com 360 anos solares, somando 4.320.000 anos e com um dia na vida de Brahma correspondendo a 1000 destes ciclos. No hinduísmo, um ciclo cósmico corresponde a quatro idades, que agrupam a Idade do Ouro e a Idade do Ferro, na qual hoje vivemos. E se o *kalpa* forma um dia de Brahma, este vive 100 anos formados por 360 dias cósmicos, com o fim de sua vida correspondendo à dissolução do Universo. Há mais, contudo: sua vida equivale a um piscar de olhos de Visnu, o deus supremo. E Eliade (1993, p. 129) acentua em relação ao hinduísmo: "O que importa fixar nesta avalancha de números é o caráter cíclico do tempo cósmico".

Já Cohn (1996, p. 45) destaca: "Os egípcios imaginavam o tempo como algo que se estendia interminavelmente à frente – de maneira interminável e também imutável, a não ser pelas recorrências cíclicas, que igualmente não tinham fim". No que salienta Eliade (1984, t. I, v. 1, p. 116):

> O Faraó é a encarnação da *ma'at*, termo que se traduz por "verdade", mas cuja significação geral é a "boa ordem" e, consequentemente, "o direito" e a "justiça". A *ma'at* pertence à Criação original: ela reflete, portanto, a perfeição da Idade de Ouro.

Tanto entre os hindus quanto entre os egípcios, portanto, o tempo é uma entidade interminável, ou cujo fim se encontra incomensuravelmente além da perspectiva humana, o que, no final das contas, dá na mesma.

Também Hannah Arendt ressalta a convergência entre o tempo cíclico e a eternidade. O tempo cíclico, segundo Arendt (2006, p. 649), gira em si mesmo eternamente, carecendo de importância o lugar onde estão os homens, uma vez que cada ponto é igualmente bom, pois se refere à eternidade, que é apenas articulada pelo homem. E a define: "É isto a mortalidade: mover-se ao longo de uma linha reta em um Universo em que tudo o que se move o faz em um sentido cíclico" (1981, p. 27). O tempo linear da vida humana, com isso, dissolve-se no caráter cíclico do tempo.

Por fim, diz Panikkar (1975, p. 94):

> A circularidade do tempo e, portanto, a repetição da história não significam que o tempo é infinito e que a história é ilimitada, mas exatamente o contrário. A circularidade é o símbolo da contingência, da limitação ontológica e do fechamento do tempo, e também do encerramento da história e do caráter não necessário dos acontecimentos.

Haveria, nesta perspectiva, uma confluência entre o tempo cíclico e o tempo histórico e, efetivamente, ambas as concepções não são excludentes. Mas, em meio a esta convivência, o tempo histórico é sempre visto como contingente perante a essencialidade do tempo cíclico.

O tempo cíclico, se tem no declínio o seu destino, tem na Idade de Ouro o seu ponto de partida, e a crença em sua existência foi universal, no que Voegelin (2009a, p. 146) acentua:

A experiência humana universal de existência no tempo como algo imperfeito pode ser expressa por meio de símbolos de um estado de perfeição pré-histórico ou futuro – um paraíso perdido capaz de ser reconquistado.

E Voegelin (2009b, p. 225) ainda assinala: "A teoria das idades como tal pertencia ao Oriente antigo, em geral, e foi cuidadosamente elaborada no sistema cosmológico babilônico".

Nas mais diversas culturas, efetivamente, encontramos narrativas referentes à existência de uma Idade de Ouro que é sempre situada em um passado primordial, sendo que a raça humana, tal qual existe, vive em um período de corrupção histórica, sendo uma raça decaída em relação a quem viveu o passado áureo.

Coube a Hesíodo (*Os trabalhos e os dias*, v. 109-110) escrever a narrativa exemplar deste processo mítico:

> Primeiro de ouro a raça dos homens mortais
> criaram os imortais, que mantêm olímpias moradas.

E, em relação à raça de ferro, ressalta Hesíodo (v. 173-174):

> Antes não estivesse eu entre os homens da quinta raça,
> mais cedo tivesse morrido ou nascido depois.

Mas, segundo Voegelin (2009b, p. 220), "existem histórias sobre as quatro idades no Oriente Médio e na Índia que podem remontar a fontes similares às hesiódicas".

Também o Antigo Testamento se refere a uma Idade de Ouro perdida, e não apenas o episódio que narra a expulsão do Éden. Assim, lemos em Daniel (2, 39): "E depois de ti se levantará outro reino, inferior ao teu; e um terceiro reino, de metal, o qual terá domínio sobre toda a terra". Mas, também em contextos históricos completamente alheios às culturas grega e judaica o mito da Idade de Ouro, com seu correlato de declínio e corrupção se faz presente, de forma que, segundo Imbelloni (1943, p. 104), é possível afirmar que o antigo núcleo de uma série de narrativas astecas emana de um mito, qual seja, a doutrina das quatro idades do mundo e das quatro humanidades anteriores à atual.

A Idade de Ouro pode surgir, também, como um período de justiça e honestidade no qual a coerção era de todo desnecessária. É assim, por exemplo, que Ovídio a descreve em *Metamorfoses* (1983, p. 16):

> A primeira idade surgida foi a de ouro, em que na ausência de qualquer justiceiro, espontaneamente, sem a coerção das leis, praticavam-se a honestidade e a boa-fé. Inexistiam os castigos e o medo, não se liam as palavras ameaçadoras do juiz gravadas no bronze, nem a turba dos suplicantes temia diante do juiz, mas todos se sentiam seguros diante do justiceiro.

E Ovídio (p. 377) transcreve, ainda, a descrição de Pitágoras:

> O tempo antigo, que chamamos de Idade de Ouro, foi afortunado, com os frutos pendentes da árvore e as plantas alimentadas pelo solo, e os homens não poluíam a boca com o sangue. Então, sem perigo, as aves ruflavam as asas no ar, a lebre caminhava sem medo na relva e o peixe não era vítima da crueldade. Reinava a paz em toda parte, sem que se precisasse temer as insídias e a fraude.

O declínio que se seguia à Idade de Ouro foi frequentemente interpretado, finalmente, como um declínio físico, de forma que a raça que nela viveu foi uma raça de gigantes. A crença na antiga existência dos gigantes relacionou-se, com isso, à crença na Idade de Ouro, e foi forte o bastante para que um autor normalmente hostil às narrativas pagãs como Santo

Agostinho a perfilhasse. Dessa forma, Santo Agostinho (*Cidade de Deus*, XV, IX) diz:

> Eu mesmo vi na praia da Útica, não apenas eu, mas alguns outros comigo, um dente molar de homem, tão enorme que, cortado em pedacinhos, penso que se poderia fazer 100 dos nossos. Suponho, contudo, que seria de algum gigante, porque, embora seja verdade que então todos os corpos eram muito maiores que os nossos, os gigantes eram infinitamente maiores que os demais.

E a crença nesta Idade de Ouro foi longeva o suficiente para ecoar na história do Cavaleiro da Triste Figura, fazendo com que Dom Quixote (*Cervantes*, 1981, p. 107) afirme: "Sancho amigo, hás de saber que eu nasci, por determinação do céu, nesta Idade de Ferro, para nela ressuscitar a de Ouro, ou dourada, como se costuma dizer".

O tempo cíclico gerou, por fim, uma simbologia extremamente rica, que o expressa a partir de diversas figuras e seres, sendo que alguns desses símbolos podem ser mencionados.

O caracol, por exemplo, é um símbolo lunar que, universalmente, indica a regeneração periódica, uma vez que ele mostra e esconde seus chifres, assim como a Lua nasce e renasce. Entre os astecas, Teczistecatl, deus da Lua, é representado por um caracol, assim como, na Índia, o caranguejo, sendo associado ao signo zodiacal de câncer, corresponde ao solstício de verão, sendo também um símbolo lunar, por marchar para frente e para trás.

Já o cervo, por conta de sua galhada que se renova periodicamente, é associado à árvore da vida, simbolizando a fecundidade. Assim, na mitologia greco-romana, a carruagem de Ártemis é atrelada a cervos, sendo que a deusa utiliza rédeas de ouro. E Ártemis, deusa caçadora, está ligada à renovação da natureza.

O cipreste, por sua vez, era visto no Mediterrâneo como árvore funerária, representando ao mesmo tempo, devido à sua folhagem persistente, a imortalidade e a ressurreição, com o consumo de suas sementes na China antiga conferindo longevidade e com sua resina conferindo o dom de andar sobre as águas quando esfregadas no calcanhar.

E os ovos da Páscoa, finalmente, retomam uma tradição milenar, na qual os ovos são o símbolo da renovação periódica; não tanto de um nascimento, mas de um renascimento contínuo, porém não apenas no Cristianismo, uma vez que estátuas de Dioniso com um ovo na mão, na religião grega, representam a mesma simbologia vinculada ao renascimento.

Se o tempo cíclico possui na Idade de Ouro o seu início e não tem fim, as crenças milenaristas postulam, pelo contrário, a existência de um futuro fim do tempo, sem, contudo, renegar o conceito de eternidade inerente ao tempo cíclico. Afinal, o fim do tempo corresponderá a uma espécie de retorno definitivo e eterno à Idade de Ouro, que será permanente, abolindo para sempre o período de corrupção e sofrimento no qual a vida humana se encontra imersa.

O que o milenarismo propõe, em síntese, é a possibilidade de retorno de um tempo mítico que foi vivenciado quando da presença de Deus ou dos deuses na Terra, ou seja, a reprodução de uma história sagrada e a retomada de um tempo que seria, agora, o final dos tempos. Com isso, o tempo sagrado e o tempo profano se reencontrariam e o tempo profano, a partir desse encontro, desapareceria de vez.

Tagliapietra (1997, p. 76) define a escatologia como a configuração visível, espacial e dramática da aparição do novo. E a partir dessa configuração surgirá um tempo de justiça, paz e prosperidade, no que já lemos em Jeremias (23, 6): "Nos seus dias Judá será salvo, e Israel habitará seguro; e este será o seu nome, com que o nomearão: O SENHOR JUSTIÇA NOSSA". Da mesma forma, lemos em Ezequiel (32, 22): "Eu livrarei as minhas ovelhas, para que não sirvam mais de rapina, e julgarei entre gado miúdo e gado miúdo".

O milenarismo floresce em períodos de crise, nos quais as leis terrenas se mostram incapazes de garantir a justiça entre os homens, que se voltam para a expectativa da implantação terrena da justiça divina, ou então para a aniquilação do tempo da injustiça. E, quando isso ocorrer, apenas os puros e sofredores serão salvos, com a felicidade vivida pelos pecadores sendo motivo de condenação eterna.

Escrevendo no início do século XIV, Meister Eckhart (2005, p. 196) afirma:

> Eu disse certa vez em um sermão que gostaria de instruir ao homem que tivesse realizado *boas* obras durante o tempo em que se achava em pecado mortal, como essas obras, juntamente ao tempo em que foram realizadas, poderiam ressuscitar vigorosamente.

Esse seria o destino dos virtuosos em oposição ao destino dos pecadores, e este destino não demoraria a se concretizar. Afinal, no século XV, segundo Delumeau (1990, p. 233), "encerrava-se a história da Terra em uma duração breve e, levando-se em conta o tempo já decorrido, não se podia mais creditar doravante à humanidade um número considerável de anos por vir". Por outro lado, no século XVIII, segundo Koselleck

(1993, p. 31), já não havia a naturalidade com a que se transladavam para as ações políticas as expectativas dos cristãos referentes a vaticínios de qualquer outra natureza.

Tivemos um percurso, portanto, no qual as crenças milenaristas perderam progressivamente seu conteúdo político, embora tenham, por outro lado, refugiando-se nas crenças de revolucionários que viam em sua luta a preparação para o advento de uma espécie de felicidade eterna, desprovida de Estado, de opressão e de desigualdade.

Capítulo 2
A história do tempo

2.1 O rito e o mito

O tempo sagrado tem como fundamento a existência de um tempo mítico habitado por heróis e deuses, sendo que este tempo pode coincidir com o tempo profano e interagir com ele (caso da religião grega, na qual os deuses frequentemente convivem com os seres humanos), ou pode ter como fundamento um acontecimento mítico, ou mesmo histórico (casos do Islamismo e do Cristianismo), que deve ser revivido de forma recorrente e ritual.

Com isso, o tempo mítico se torna passível de recuperação e reatualização, ao mesmo tempo que o acontecimento que nele ocorreu mantém-se como único e irrepetível. A paixão de Cristo não ocorrerá mais, mas seu sangue e sua carne estão presentes no momento da transubstanciação. E também a Hégira é um acontecimento histórico que não mais se repetirá, mas sua celebração a reconstitui no tempo profano, que é anulado durante o ritual, com o tempo mítico se tornando presente e podendo ser usado indefinidamente a partir de seu retorno ritual.

Os eventos míticos, mesmo quando ocorrem na temporalidade profana, são superiores a essa temporalidade, estabelecendo uma ordenação diferenciada entre o tempo sagrado e o profano. Com isso, tal ordem é estruturada a partir de uma hierarquia vertical, sendo o mais alto nível da hierarquia formado pela esfera dos deuses, pelo sagrado e pela ordem cósmica, sendo geralmente atemporal e infinita. E no Antigo Testamento temos diversas referências a um tempo eterno que é o tempo divino, sempre definido em contraste com a precariedade do tempo dos homens.

A permanência atemporal do tempo sagrado fica clara, por exemplo, quando lemos em Deuteronômio (5, 3): "Não com nossos pais fez o Senhor este concerto, senão conosco, todos os que aqui estamos vivos". O que temos, no caso, é uma demonstração de como as gerações humanas passam, mas a vontade divina permanece.

Da mesma forma, lemos nos Salmos (93, 2): "O teu trono está firme desde então: tu és desde a eternidade". A permanência atemporal do poder divino é ressaltada e as mudanças e declínios que fazem parte da vida humana não o atingem, o que fica claro quando lemos igualmente nos Salmos (102, 26): "Eles perecerão, mas tu permanecerás; todos eles como *um* vestido, envelhecerão; como roupa os mudarás, e ficarão mudados".

Com isso, a vontade divina é inexorável e inescapável, o que lemos em Daniel (2, 24): "E ele muda os tempos e as horas, ele remove os reis; e estabelece os reis; ele dá sabedoria aos sábios e ciência aos entendidos". Mas também os gregos e os romanos a veem assim, e tanto Hesíodo quanto Homero descrevem sua ação inflexível, bem como as tentativas baldadas dos seres humanos de a ela se subtraírem.

Lemos, dessa forma, em Homero (*Odisseia*, XI, p. 295-299):

> Meses e meses se escoaram. Decorreu
> um ano, volveram as estações. Só então o forte
> Íficlo o libertou, por lhe haver revelado à vontade
> divina. Cumpriu-se assim o desígnio de Zeus.

E, quando algo ocorre, como também lemos em Homero, (*Odisseia*, VIII, p. 261-263), fica a dúvida se foi ou não a vontade divina que definiu que isso ocorresse:

> Mas na virada do oitavo ano, ela finalmente consentiu
> na minha partida, se por ordem de Zeus, ou por uma
> repentina mudança de sentimentos, eu não sei.

Também Hesíodo (*Os trabalhos e os dias*, v. 105) ressalta de forma expressa a inexorabilidade da determinação dos deuses:

> Da inteligência de Zeus, não há como escapar.

E mesmo um herói como Prometeu, salienta Hesíodo (*Teogonia*, v. 611-615), teve que se curvar à vontade de Zeus:

> Não se pode furtar nem superar o espírito de Zeus
> pois nem o filho de Jápeto o benéfico Prometeu
> escapou-lhe a pesada cólera, mas sob coerção
> apesar de multissábio a cada dia o detém.

Também o ritmo da natureza depende dessa vontade, de tal forma que o sono divino paralisa até mesmo o movimento dos astros. Assim, Plauto (*Anfitrião*, 273) acentua que, como Júpiter adormeceu,

> nem a Ursa se move no céu, nem a Lua se muda do lugar onde
> nasceu, nem Orion nem Vênus nem as Plêiades desaparecem

no horizonte. Desse modo, as constelações não arredam pé e a noite não dá lugar ao dia.

E o que aparenta ser fruto do acaso, conclui Boécio (*A consolação da filosofia*, v. 1), nada mais é que a ação da Providência, cujos desígnios nem sempre são perceptíveis à compreensão humana:

> Podemos definir o acaso como um acontecimento inesperado, resultado de uma somatória de circunstâncias, que aparecem no meio de ações realizadas com uma finalidade precisa; ora, o que provoca um tal conjunto de circunstâncias é justamente a ordem que procede de um encadeamento inevitável e tem como fonte a Providência, que dispõe todas as coisas em seu devido lugar.

Com isso, nada mais resta ao ser humano senão se curvar e obedecer, adequando sua temporalidade à temporalidade sagrada, mesmo que não consiga compreender o que a define. E esse é um argumento que seria plenamente incorporado pelo Cristianismo.

A vontade divina cria padrões de justiça que os seres humanos devem seguir, sob pena de serem castigados tanto nesta vida quanto na outra. Segundo Hasnaoui (1978, p. 59), a experiência primordial do tempo, tanto entre os árabes como entre os gregos, é indissociavelmente ética e cosmológica. E exemplos podem ser extraídos tanto da literatura grega quanto da literatura árabe para corroborar tal assertiva. Dessa forma, lemos em Hesíodo (*Os trabalhos e os dias*, v. 238-239):

> Àqueles que se ocupam do mau excesso, de obras más, a eles a justiça declina o Cronida, Zeus, longevidente.

E, escrevendo no século XIV, Ibn Khaldun (1958, v. 1, p. 80) acentua em relação a uma peste que se abateu sobre o Oriente e Ocidente:

Tão grande foi o mal, que me parece ter sido a voz da natureza dando ordem ao mundo para se abster e se humilhar de sua soberba. E o mundo apressou-se a obedecer. *Allah é o único herdeiro do mundo e do que está nele.*

No Judaísmo, os profetas assumem a função de arautos da justiça divina, possuindo a ação por eles desenvolvida uma dimensão ao mesmo tempo ética e religiosa. Anunciando um novo tempo, o que eles anunciam é também um novo primado da justiça, a ser consagrado aos justos que habitam um tempo injusto. E a profecia, fazendo isso, quebra a sucessão temporal, com os profetas irrompendo no cotidiano e apresentando, no tempo profano, o advento do tempo sagrado que o transcenderá como uma promessa. Temos, então, a criação de uma relação especial com o tempo e a construção de uma nova leitura dos acontecimentos, feita a partir do presente em direção ao futuro; e um futuro que irá, ao mesmo tempo, condenar e redimir o presente.

O tempo sagrado é, também, um tempo ritual. Nele, um ritual litúrgico repete o ritual anterior e a temporalidade primordial nele expressa, criando, assim, uma continuidade que tem seu ponto de partida no acontecimento mítico que o justifica e que tem como consequência a sacralização de todo o tempo a ele relacionado. E, se o evento primordial é único e irrepetível em sua concretude, ele pode, por outro lado, ser representado sempre que haja as condições adequadas, o que demonstra a reversibilidade do tempo sagrado.

Nele, os mortos ressurgem e o que aconteceu uma única vez torna a ocorrer, não de forma concreta, mas de uma forma ritual que consegue recuperar o sentido sagrado do evento primordial – o único que interessa, afinal, uma vez que o tempo histórico no qual ele ocorreu é apenas o invólucro que reveste uma dimensão infinitamente mais ampla – e revertê-lo para benefício dos fiéis.

Segundo Eliade (1977, p. 81), "o tempo sagrado é pela sua própria natureza reversível, no sentido em que é, propriamente falando, um Tempo mítico primordial tornado presente". E para o homem religioso, segundo Eliade (p. 84), "a duração temporal profana é suscetível de ser 'parada' periodicamente pela inserção, por meio de ritos, de um tempo sagrado, não histórico (neste sentido, que ele não pertence ao tempo histórico)".

Todo ritual religioso representa, portanto, a repetição de gestos arcaicos, que ganham significado no presente por serem a reatualização de acontecimentos primordiais. A partir do refazer incessante desses gestos, o tempo demonstra sua reversibilidade, retomando um passado mítico que, ao mesmo tempo que é temporal, situa-se à margem do tempo histórico e não é contaminado por ele.

O rito efetua, com isso, um alargamento do tempo cotidiano e uma integração do tempo sagrado, no que tanto Ricoeur quanto Reis assinalam. Assim, Ricoeur (2010, v. 3, p. 179) diz: "No caso de opor mito e rito, poder-se-ia dizer que o mito alarga o tempo corriqueiro (bem como o espaço), ao passo que o rito aproxima o tempo mítico da esfera profana da vida e da ação". Já Reis (2009, p. 32) afirma:

> A realidade profana imita um arquétipo celeste, que recebe seu sentido de um modelo extraterrestre. Por meio de rituais, o caos dos eventos é integrado no cosmos. Sacralizados, os eventos ganham realidade e sentido.

E ressalta: "O rito periódico exprime ritos temporais mais largos do que os da ação ordinária e enquadra, ao mesmo tempo, essa ação em um tempo mais amplo" (p. 71).

O rito pode ser definido, ainda, como conexão temporal que faz com que presente, passado e futuro estejam presentes no mesmo local e instante. Ali, o tempo profano permanece seu curso, ao mesmo tempo que os fiéis mergulham em uma dimensão estática na qual a temporalidade humana é transfigurada pela experiência religiosa e, ao mesmo tempo, é desprovida de seu sentido.

O rito pode ter a finalidade de purificar o tempo profano. Assim, fevereiro em Roma, segundo Ogilvie (1994, p. 75), era um mês consagrado à purificação, e duas importantes festividades celebradas no mês – a Parentália e a Lupercália – tinham esse objetivo. Temos, assim, um período demarcado com o objetivo de exercer sua ação purificadora sobre o resto do ano, da mesma forma como há, no Islamismo, quatro meses que Maomé definiu como sagrados, sendo que, entre esses, o Ramadã é o mais importante, devendo ser pontuado por jejuns e pela castidade durante as horas do dia.

Por outro lado, algumas civilizações associam banquetes e festas à constatação da existência da morte, e o dia dos mortos, no México, é, talvez, a mais célebre dessas associações. No caso, o que é celebração da vida se transforma, também, em celebração da morte, o que ressalta o conceito de rito como meio de conexão entre o tempo profano – Tempo da Vida – e o tempo sagrado, que é o Tempo da Morte.

E os rituais podem, ainda, ter a função de garantir a continuidade do tempo. A função dos descomunais sacrifícios religiosos oferecidos pelos astecas a Tonatiuh, o deus-Sol, era garantir que ele nasceria diariamente. E os rituais religiosos realizados na Europa por ocasião do solstício, embora incruentos, tinham a mesma destinação. Afinal, o solstício determina o ponto no qual o Sol muda de rota, após alcançar o cume de seu período estival. E era necessário, ritualmente, garantir a sua volta.

Os rituais religiosos não podem, ainda, ser celebrados de forma aleatória, com cada religião definindo os horários adequados para sua realização, com tais horários especificados, por exemplo, no Antigo e Novo Testamento. Assim, lemos nos Salmos (119, 164): "Sete vezes no dia te louvo pelos juízos da tua justiça". E lemos também nos Atos (3, 1): "E Pedro e João subiam juntos ao templo à hora da oração, a nona".

2.2 O tempo na Antiguidade

Os números, na Antiguidade, não possuíam apenas a função de identificar e numerar as coisas, mas também carregavam um sentido simbólico que os dotava de personalidade própria e pelo qual eram manipulados e interpretados, com sua utilização aleatória, trazendo riscos imprevistos e desconhecidos. O *número* de ouro, por exemplo, tido como primordial pelos pitagóricos, permitia definir a proporção dos seres e das coisas.

O tempo era dotado, com isso, de um sentido simbólico que ultrapassava em muito sua simples mensuração, embora essa tivesse sido, também, uma preocupação constante. Afinal, surgiu em Alexandria uma linhagem de astrônomos e matemáticos, entre os quais Euclides, cujas descobertas foram cruciais para a posterior datação do tempo. E tal linhagem, evidentemente, não surgiu do nada, herdando um esforço milenar de definir a medição do tempo.

As narrativas a respeito do tempo escritas na Antiguidade demonstram uma tendência constante de situá-lo em termos míticos, fazendo com que tanto os sacerdotes quanto os reis fossem colocados em meio a ambas as temporalidades, o que foi utilizado, tanto no Egito quanto na Mesopotâmia, como meio de legitimação do poder real. Com isso, tais narrativas oscilam entre o reconhecimento e a descrição do tempo profano e o reconhecimento da imutabilidade do tempo sagrado, muitas vezes associado, de forma mágica, ao comportamento humano – do que a importância atribuída à astrologia é indício eloquente – e à natureza.

Dessa forma, o mundo das ideias da antiga Mesopotâmia, por exemplo, segundo Fernandez, Trebolle e Abumalham (1993, p. 34), movia-se entre a sensação de mudança contínua e a convicção quanto à imutabilidade da natureza e, ao mesmo tempo, entre um passado mítico repetido em ciclos contínuos e um presente histórico visto como uma expressão de decadência perante aquele passado mítico. E a percepção histórica, com isso, torna-se ambígua, gerando, interpretações contraditórias.

Assim, segundo Niebuhr (1949, p. 35), cronologicamente, o sentido da história torna-se objeto da atenção humana antes que o mistério do tempo seja considerado. Já Ariès (1989, p. 98), em oposição, salienta:

> Não deixa de ser verdade que a Antiguidade clássica não sentiu a preocupação existencial da História. Ela não vive em uma história contínua desde as origens até o dia do presente. Ela recria, dentro do presente, zonas privilegiadas cujo conhecimento é útil: os mitos sagrados, das origens, ou então os episódios que se prestam à amplificação moral e à controvérsia política sobre a melhor forma de governo.

A originalidade do povo judaico no contexto da Antiguidade consiste, em relação aos mesopotâmicos e egípcios, em terem se situado na história e em terem-na transformado em um fluxo linear dotado de um início histórico, qual seja, a fuga do Egito, e que caminhava para um fim anunciado que a redimiria. O povo judaico buscou conhecer seu passado e descrevê-lo, e não apenas justificá-lo a partir de narrativas míticas.

A história judaica, contudo, ainda não é profana, sendo, pelo contrário, dirigida e orientada pela vontade divina, com Deus se irritando com frequência quando seu povo desobedece a seus desígnios e castigando-o por isso. E, nessa história divina, evento algum é desprovido de significado, possuindo, todos eles, um sentido religioso que transcende seu sentido profano.

As narrativas bíblicas, neste sentido, são a um só tempo históricas e míticas, com o tempo mítico e o tempo histórico se confundindo. Relatos míticos se misturam a relatos históricos e os fundamentam, e se os personagens são nomeados e há uma evidente preocupação em situar geograficamente os eventos, mesmo os eventos míticos, com a Arca de Noé, por exemplo, repousando, segundo o Gênesis (8, 4), "sobre os montes de Arará", nada do que é escrito é datado. Por outro lado, há uma continuidade histórica em meio aos relatos.

E a questão a ser colocada é: até que ponto o monoteísmo judaico contribuiu para a especificidade da perspectiva histórica do povo judeu? É o que indaga Eliade (1993, p. 119): "Podemos até interrogar-nos se o monoteísmo, baseado na revelação direta e pessoal da divindade, não traz necessariamente consigo a 'salvação' do tempo, a sua 'valorização' no quadro da história". Afinal, o mundo para os judeus era este; não haveria novo ciclo, não haveria novos mundos, não havia outro deus.

Eliade (1993, p. 122) acentua ainda:

> Para o Judaísmo, o tempo tem um começo e terá um fim. A ideia do tempo cíclico é ultrapassada. Jeová já não se manifesta no

tempo cósmico (como os deuses das outras religiões), mas em um tempo histórico, que é irreversível.

E mesmo os rituais judaicos, como destaca Ramos (2006, p. 241), celebram essa historicidade:

> As grandes e antigas festas, mesmo quando é impossível dizer qual foi sua origem real, foram de algum modo dotadas de uma nova significação de teor histórico, para assim funcionarem como memorial, tal como aconteceu com a festa da Páscoa, chamada a servir de memorial para lembrar a saída do Egito.

A originalidade da perspectiva judaica transparece na preocupação em numerar – mas não ainda em datar – o passar dos anos, tanto nas narrativas históricas quanto nas narrativas míticas. Assim, lemos em Ezequiel (4, 5): "Porque eu te tenho fixado os anos da sua maldade, conforme o número dos dias, 390 dias; e levarás a maldade da casa de Israel". Já em Daniel (12, 11): "E desde o tempo em que o contínuo sacrifício for tirado, e posta a abominação desoladora, haverá 1.290 dias".

Mas há algo em comum entre a temporalidade judaica e as demais temporalidades construídas na Antiguidade: o olhar pessimista sobre o presente, embora os judeus tenham elaborado um futuro redentor inexistente entre os egípcios, mesopotâmicos, gregos e romanos. Os judeus, em síntese, construíram uma escatologia profundamente original, que seria herdada pelo Cristianismo e se transformaria em seu fundamento.

O presente é uma época impura, o que é lamentado por Isaías (6, 5): "Então disse eu: ai de mim que vou perecendo porque eu sou um homem de lábios impuros, e habito no meio de um povo de impuros lábios, e meus olhos viram o rei, o Senhor dos Exércitos". Mas o presente será redimido pelo futuro.

Lemos, ainda, em Isaías (2, 4):

E ele exercerá seu juízo sobre as gentes, e repreenderá a muitos povos; e estes converterão suas espadas em enxadões e suas lanças em foices; não levantará espada nação contra nação, nem aprenderão mais a guerrear.

Da mesma forma: "E morará o lobo com o cordeiro, e o leopardo com o cabrito se deitará, e o bezerro, e o filho do leão e a nédia ovelha viverão juntos, e um menino pequeno os guiará" (11, 6). Por fim: "E os mansos terão gozo sobre gozo no Senhor, e os necessitados entre os homens se alegrarão no santo de Israel" (29, 19).

Já em relação às concepções de tempo existentes na Grécia é preciso evitar três equívocos fundamentais. O primeiro consiste em ver tais concepções como historicamente indiferenciadas ao longo do desenvolvimento do pensamento grego. Segundo Guthrie (1993, p. 88), a mente helênica, na sua mais vigorosa forma, deve ser diferenciada tanto do estado receptivo de sua infância quanto da busca indiscriminada por novidades que marcou seu declínio. E tais concepções, como não poderia deixar de ser, seguiram tal evolução e corresponderam a ela, com suas origens, aliás, sendo consideravelmente remotas. Afinal, como salienta Arendt (2009, p. 51), na obra de Hesíodo há informações sobre astronomia que, aos olhos do poeta, não demandam explicação, o que significa um processo de compreensão, con-ceitualização e categorização cujas origens remontam a um período indeterminado do passado.

O segundo equívoco consiste em definir como absoluta a originalidade dessas concepções. Para os gregos, o contato com as grandes inovações tecnológicas provenientes do Oriente teve importância fundamental e as concepções de tempo por ele elaboradas absorveram igualmente as concepções orientais, ao mesmo tempo que com elas dialogaram e delas se distinguiram.

E o terceiro erro é ignorar as diferentes dimensões a partir das quais estas concepções foram elaboradas. Nem todos os gregos, afinal, foram filósofos ou escritores, por isso, segundo Ricoeur (1995, p. 168), quando falamos da concepção grega do tempo é importante evitar o erro de reduzir a dimensão cultural a um fator literário, este fator literário a alguma expressão filosófica e esta expressão filosófica a alguma tese explícita, mesmo que seja de Platão ou Aristóteles.

Mas, nas páginas seguintes, será basicamente das concepções filosóficas, literárias e religiosas que tratarei.

Canfora (1994, p. 122) diz em relação ao pensamento político grego:

> A repetição eterna do ciclo é corrigida pela "constituição mista", ou seja, por um sistema que, contendo em si os elementos dos três modelos, propõe-se (ou pensa) adaptá-los, anulando os efeitos destrutivos e autodestrutivos que cada um deles, visto de *per si*, provoca.

O que temos aqui é a constatação da existência de uma concepção cíclica do tempo a definir os sistemas políticos adotados pelos gregos, mas, ao contrário do que o autor salienta, tal concepção jamais predominou na Grécia, embora esteja presente nas concepções religiosas, e principalmente nos mistérios órficos, não podendo, portanto, determinar as atividades e constituições políticas ali adotadas. A temporalidade grega, afinal, foi, em boa parte, linear, o que, aliás, definiu a perspectiva adotada pelos historiadores, e perspectiva que foi, inclusive, adotada pelos historiadores romanos.

Lloyd (1975, p. 136) afirma:

> Pretender, em particular, opor uma concepção grega do tempo a uma concepção judaica, e considerar a primeira essencialmente cíclica e a segunda essencialmente linear, significa, em todos os casos quanto aos gregos, adotar uma atitude absolutamente equivocada.

A concepção grega do tempo segue, enfim, uma linearidade, principalmente em termos históricos, que também já se encontrava presente entre os judeus, embora a crença em um futuro redentor, comum à mentalidade judaica, inexista entre os gregos. Afinal, a concepção judaica é escatológica, sendo elaborada a partir da crença em um futuro que redimirá o passado, ao passo que a concepção grega é desprovida de crenças escatológicas, com a história escrita pelos gregos, por exemplo, refletindo essa ausência.

A historiografia grega pouco tratou do futuro, preocupando-se, em linhas gerais, em descrever o que ocorria no presente, ao passo que o presente, para os judeus, apenas poderia ser compreendido quando iluminado pelo futuro. Seria impossível a presença, na Grécia, dos profetas do Antigo Testamento, pois eles jamais compreenderiam o sentido especificamente grego deste trecho escrito por Tucídides (*História da Guerra do Peloponeso*, I, XXII, 2):

> E, quanto às ações que foram praticadas na guerra, decidi registrar não as que conhecia por uma informação casual, nem por conjectura minha, mas somente aquelas que eu próprio presenciara e depois de ter pesquisado a fundo sobre cada uma junto de outros, com a maior exatidão possível.

Mas o tempo cíclico que desaparece da perspectiva histórica ressurge na celebração dos mistérios, o que demonstra a complexidade da temporalidade grega. Afinal, se os mistérios gregos representam a possibilidade de ressurreição e a colocam no centro de suas esperanças, elas colocam o caminho que leva à sua descoberta fora do alcance da sabedoria humana, o que condena o ser humano ao tempo cíclico do qual a ressurreição forma um elo, mas não representa a salvação.

E a morte para os gregos, ao contrário do que ela representaria para os cristãos, não leva a nenhum tipo de salvação nem representa a passagem para nenhuma forma de paraíso. Lemos, por isso, em Homero (*Odisseia*, XIV, p. 487-490):

> Não tentes embelezar a morte na minha presença, meu
> atilado Odisseu. Preferiria como cabra de eito trabalhar
> para outros, um pobretão, a ser rei desse povo de mortos.

O que diferencia a temporalidade grega em relação às temporalidades orientais é a cronologia que os gregos construíram. Pela primeira vez, pelo menos a partir de um certo período delimitado em termos históricos, o tempo era construído sem tomar como base as genealogias presentes, seja no Antigo Testamento, seja nas linhagens reais que definiam as cronologias existentes na Mesopotâmia ou no Egito. A cronologia grega seguia apenas o tempo existente na natureza e o passado era elaborado sem levar em conta datações genealógicas.

Por outro lado, é preciso delimitar tal inovação. Os gregos obtiveram, segundo Veyne (1984, p. 89), "uma cronologia histórica das genealogias heroicas e o tempo mítico que tornaram homogêneo ao nosso, precedeu-o até a data fatídica de 1200 aproximadamente, que é a da Guerra de Troia, onde começa a história puramente humana". Mas, agora, as genealogias desaparecem.

Padre Antonio Vieira (1951, v. 1, p. 119) diz:

> O tempo é, antes de tudo, o nada. Quer coisa mais veloz, mais fugitiva e mais instável que o tempo? Tão instável que nenhum poder, nem ainda o divino o pode parar. Por isso os quatro animais que tiravam pela carroça da glória de Deus não tinham rédeas.

E, ao escrever isso, ele retoma um ponto em comum entre a concepção judaica e a grega do tempo, que é a desvalorização da vida terrena, vista, a partir de sua precariedade e fugacidade, como um tempo de sofrimento e corrupção.

Lemos, assim, no Eclesiastes (1, 3): "Que proveito tem o homem de toda a sua labuta em que trabalha arduamente debaixo do Sol"? E a resposta está no próprio Eclesiastes (1, 17): "E odiei a vida, porque o trabalho que se tem feito debaixo do Sol tem sido calamitoso do meu ponto de vista, pois tudo era vaidade e um esforço para alcançar o vento". Mas essa também, em larga medida, é a perspectiva grega.

Bornheim (2003, p. 97) define o tempo, em Homero, como "algo que não existe, a experiência do vazio puro e simples". E nos textos homéricos, efetivamente, o tempo dos homens é descrito como um tempo de sofrimento, de forma que, quem nele é mergulhado, mergulha na miséria.

Assim, lemos em Homero (*Ilíada*, XVII, 444-446): "Pobres criaturas! Por que sendo isentas do Tempo da Morte, ao soberano Peleu, que é mortal, tive a ideia de dar-vos? Para que viésseis, também, a sofrer a miséria dos homens?". E sua transitoriedade é igualmente ressaltada nas páginas da *Ilíada* (VI, 146-149):

> As gerações dos mortais assemelham-se às folhas das árvores que, umas os ventos atiram no solo, sem vida, outras, brotam

na primavera, de novo, por toda a floresta viçosa. Desaparecem ou nascem da mesma maneira.

É preciso, contudo, em meio a esta transitoriedade implacável, salvar do esquecimento o que merece ser salvo, e para os gregos, com isso, assim como para os romanos, a história se transforma em um meio de resgatar a recordação de acontecimentos dignos de serem recordados. É por isso, por exemplo, que a memória é enaltecida por Hesíodo (*Teogonia*, v. 915-917):

> Amou ainda Memória de belos cabelos,
> dela nascem as Musas de áureos bandos,
> nove, a quem aprazem festas e o prazer da canção.

Mas, ao lado da corrupção humana, há a justiça divina à qual as coisas devem se submeter e há uma ordem divina a regular a natureza e o cosmos, de forma que a concepção do tempo como um juiz já estava presente entre os gregos, com sua passagem sendo vista como um julgamento ao qual as coisas terrenas deveriam se submeter de forma inexorável.

A partir dessa perspectiva e sem que haja uma solução escatológica, como havia entre os judeus e como haveria entre os cristãos, cabe ao tempo reparar as injustiças, e Ésquilo (*Coéforas*, 965) descreve o tempo como restaurador, ao afirmar:

> Logo o perfectivo tempo transporá
> o átrio do palácio, quando toda poluência
> da lareira for repelida
> com purificações repulsoras de erronias.

O próprio início da história, para os gregos, já é desvinculado de um início primordial, como diz Vernant (2000, p. 56): "A história não começa exatamente na origem do mundo, mas no momento em que Zeus já é rei, isto é, no tempo em que o mundo divino se estabilizou". Assim, Zeus quando reina o faz a partir de um tempo ordenado e não mais a partir de um tempo anárquico. Seu poder, portanto, não se confunde com o início dos tempos, mas com o momento histórico a partir do qual o tempo foi estabilizado, o que se dá quando Cronos é destronado pelo próprio Zeus, permitindo a transição de um caos primordial para um cosmos ordenado com vontade divina e pela sua justiça.

Em meio a este processo, contudo, a raça humana revoltou--se contra a vontade divina e Platão (*Banquete*, 190c) descreve o impasse dos deuses perante a revolta humana:

> Zeus então e os demais deuses puseram-se a deliberar sobre o que se devia fazer com eles, e embaraçavam-se; não podiam nem os matar e, após fulminá-los como aos gigantes, fazer desaparecer a raça – pois as honras e os templos que lhes vinham dos homens desapareceriam – nem lhes permitir que continuassem na impiedade.

A solução encontrada foi a divisão de um ser até então andrógino em homem e mulher, mas Platão (*Banquete*, 191a) narra como o experimento foi inicialmente malsucedido:

> Por conseguinte, desde que a nossa natureza se mutilou em duas, ansiava cada uma por sua própria metade e a ela se unia, e envolvendo-se com as mãos e enlaçando-se um ao outro, no ardor de se confundirem, morriam de fome e de inércia em geral, pois nada querem fazer longe um do outro.

Para além do mito da criação do homem e da mulher a partir de um ser andrógino, o que transparece da narrativa é a dependência dos deuses perante os seres humanos, o que os impede de simplesmente aniquilá-los, por precisarem de seu culto. Com isso, a justiça divina reconhece seus próprios limites.

E, da mesma forma, tanto deuses quanto homens estão submetidos à força do destino. Ser humano algum tem o poder de contrariá-lo e dele fugir, o que fica claro quando lemos Homero (*Ilíada*, VI, 487-489): "Homem nenhum poderá, contra o Fado, mandar-me para o Hades, pois quero crer que a ninguém é possível fugir do destino, desde que nasça, seja ele um guerreiro de prol ou sem préstimo". Da força do destino, afinal, ninguém pode escapar, o que Homero demonstra neste trecho da *Ilíada* (XX, 81-82): "Há 12 auroras, somente, depois de infindáveis trabalhos, puderam a Ílio voltar, e ora o Fado impiedoso me entrega em tuas mãos novamente!".

Mencionando a associação comum entre as deusas, a roca e o fio, Eliade (1998, p. 150) destaca: "O destino, fio da vida, é um período mais ou menos longo de tempo. As grandes deusas tornam-se, por isso, senhoras do Tempo, dos destinos que elas forjam à sua vontade". Mas entre os gregos, assim como entre os romanos, os deuses, ao contrário de decidirem a respeito do destino, também eles precisam se submeter a este, e as rocas, quando são mencionadas por Virgílio (*Bucólicas*, IV, 46-47), impõem seu poder perante tudo e todos:

"Fias séculos tais" – disseram as parcas aos seus fusos,
concordes com o poder inalterável dos destinos.

E Virgílio (*Eneida*, X, 467) descreve, também, as palavras de Júpiter:

A cada um seu dia está marcado,
a todos breve e irreparável tempo
de viver cabe, a obra da Ventura
é fama granjear com grandes feitos.

Perante a força inexorável do destino, a única alternativa, portanto, é preservar sua memória da ação do tempo, uma vez que as Parcas estão presentes em todas as ocasiões, comparecendo, por exemplo, à abertura das Olimpíadas e decidindo o que ali ocorrerá. Dessa forma, as Parcas, segundo Píndaro (*Olímpicas*, X, 53), comparecem à solenidade inaugural, como é conveniente para o controle único da verdade autêntica.

E o momento da morte, por fim, também é decidido pelo destino, o que fica claro quando um personagem de Homero (*Ilíada*, XXI, 111-113) constata: "Não está longe o momento, no meio do dia, ou seja, isso pela manhã ou de tarde, em que a vida alguém venha tirar-me, seja com lança, de perto, ou com seta que do arco dispare".

O conceito grego de destino teria, finalmente, largo curso no pensamento ocidental, ressurgindo, por exemplo, no fatalismo caracteristicamente barroco de um autor como Quevedo (1943, p. 273), que o expressa neste trecho:

> *Estima sus recuerdos,*
> *teme sus desengaños,*
> *pues ejecuta plazos de los años,*
> *y en él te da secreto,*
> *a cada Sol que pasa, a cada rayo,*
> *la muerte un contador, El tiempo un ayo.*

Tais palavras seriam perfeitamente compreensíveis para os gregos.

Já os romanos, segundo Mommsen (1965, v. 1, p. 591), não se distinguiram jamais nem nas ciências exatas nem nas artes mecânicas. Em seu trato com o tempo, contudo, eles foram dotados de maior praticidade e mais amplo senso histórico que os gregos, no que Bretone (1990, p. 284) acentua em relação aos códigos jurídicos romanos:

> Nos códices, os textos normativos ordenam-se de maneira mais ou menos coerente (trata-se sempre, em todo caso, de uma coerência extrínseca), mas ficam reconhecíveis na sua pontual historicidade: através dos nomes dos imperadores e dos destinatários.

Um evidente pessimismo quanto à passagem do tempo – que faz parte da herança greco-judaica – transparece, por exemplo, nas palavras de Lucrécio (*Da natureza*, III, 945-949), quando imagina as palavras ditas pela natureza ao ser humano:

> Não posso imaginar e inventar agora coisa alguma que te agrade: tudo é sempre o mesmo. Se teu corpo já não está decrépito com os anos, se os membros não estão lânguidos de cansaço, tudo fica, no entanto, igual, mesmo que persistas em viver, vencendo todos os tempos, e ainda mais, mesmo que nunca viesses a morrer.

Mas o amor romano à experiência, avesso a especulações sobre o tempo, transparece igualmente quando Cícero (*Da república*, I, XXXII) se define a partir das palavras que atribui a Cipião:

> Suplico-vos, portanto, que não me escuteis como a um ignorante, completamente estranho às teorias gregas, nem tampouco como a um homem inteiramente disposto a dar-lhes a preferência; sou romano, antes de mais nada, educado pelos cuidados de meu pai no gosto dos estudos liberais, estimulado desde pequeno pelo desejo de aprender, mas formado muito mais pela experiência e pelas lições domésticas do que através dos livros.

2.3 O tempo cristão e medieval

A historicização do tempo por parte dos cristãos se deu quando ele passou a ser contado a partir de um evento histórico, qual seja, o nascimento, a vida, paixão e morte de Cristo. Com isso, e diferentemente de outras religiões, o tempo sagrado confundiu-se com o tempo histórico e enraizou-se na trajetória do ser humano, que passou a possuir um sentido histórico preciso e bem demarcado.

O tempo, sob o Cristianismo, transformou-se no tempo do Livro, obedecendo aos critérios estabelecidos e aos eventos descritos por uma narrativa escrita. O tempo, assim, deixou de ser contado a partir de genealogias, ou de reinados, ou mesmo de eventos míticos e sobrenaturais e passou a ser contado a partir de um evento histórico e, por isso mesmo, único e irreversível. O tempo, em síntese, não é mais cósmico, mas também não é antropocêntrico; é divino, mas também é histórico.

Tornando-se histórico, ele passa a ser centrado em um evento ocorrido no tempo dos homens, que é, agora, dividido em antes e depois deste evento. Surge, com isso, um elemento absolutamente novo na história humana e inteiramente desconhecido na Antiguidade, mesmo entre os judeus, de quem os cristãos tanto herdaram na construção de sua temporalidade, que é a contagem do tempo histórico a partir de um evento humano, ou seja, ocorrido entre os seres humanos e não mais em um tempo mítico.

Arendt (1972, p. 98) define como enganosa a "similaridade entre os conceitos moderno e cristão de História", e diz: "Ela repousa em uma comparação com as especulações históricas cíclicas da Antiguidade tardia e ignora os conceitos históricos clássicos da Grécia e de Roma". Mas, também em relação aos gregos e aos romanos, tal novidade é radicalmente nova, o que permite que a similaridade contestada pela autora possua validade e possa ser afirmada.

Segundo Higgins (1992, p. 247), o tempo linear do Cristianismo possui em seu centro uma noção de tempo rítmico, ou repetitivo, uma vez que se o tempo linear é dividido em épocas, um elemento de repetição está sempre envolvido. Já segundo Gurevich (1988, p. 100), a ideia de linearidade do tempo e de simultaneidade dos eventos, em agudo contraste com a eternidade, sofreu uma certa involução no ensinamento cristão, tornando-se um símbolo de imperfeição, transitoriedade e vaidade; características do vale mortal de tristezas.

O tempo profano, tal qual visto pelos cristãos é, de fato, pouco mais ou nada mais que um tempo de sofrimento situado entre um início corrompido pela própria ação humana e um fim redentor, com este início e este fim herdados do Judaísmo. Mas, entre um e outro há algo que o Judaísmo desconheceu, ou seja, um evento redentor.

Por ser estruturado a partir de um evento histórico, o tempo cristão recusa o conceito de ciclo, afirmando-se a partir de uma linearidade histórica dotada de começo, meio e fim. E, neste tempo linear, o ser humano passa a ser dotado de uma liberdade conhecida, até então, talvez, apenas pelos gregos. Isso porque, no contexto desta linearidade, o ser humano já não se limita a levar a cabo indefinidamente os atos que se repetem nos ciclos que se sucedem. Mas nem os gregos, por sua vez, foram dotados de liberdade tão ampla, uma vez que o sentido absoluto do destino impedia, entre eles, a ação do livre-arbítrio.

É um exagero, por outro lado, definir o pensamento cristão como precursor da historiografia moderna, o que fica nítido quando definimos algumas características da historiografia medieval, de sentido essencialmente cristão. Na Idade Média, de acordo com Gurevich (1983, p. 46), a "poesia" e a "verdade" não se encontram inteiramente dissociadas, de forma que a literatura sacra e a literatura profana não se distinguiam nitidamente uma da outra. Bloch (1979, p. 96) ressalta: "Nos séculos X e XI, numerosos documentos ou notícias, cuja única razão de ser era preservar a lembrança de um fato, não apresentam qualquer menção cronológica".

A historiografia cristã, efetivamente, ainda desconhece a distinção entre narrativa sacra e narrativa profana e não possui o sentido da cronologia. São Paulo não datava suas cartas, os atos dos apóstolos não seguem qualquer cronologia e os evangelistas não demonstram a menor preocupação em situar a vida de Cristo a partir de datas, limitando suas narrativas, ainda, aos episódios que possuem interesse sagrado, deixando de lado, como um historiador moderno jamais o faria, tudo que estivesse apenas vinculado à esfera profana.

Por outro lado, se o Cristianismo configurou uma cisão radical na percepção histórica do tempo, tal cisão foi, como sempre ocorre, operada em meio a uma dinâmica de continuidade. Mesmo o que Durand (1995, p. 59) chama de "gênio do velho calendário cristão" provém, segundo ele

> do fato de que ele permite que o ano natural, dos meses e estações da terra do velho paganismo romano, case-se com os ciclos temporais litúrgicos e os pontos de escansão (sinapses, muitas vezes) do santoral e dos martirológios.

E Fossier (2002, v. 2, p. 556) salienta:

> A igreja cristã, tão pronta a captar as pulsões secretas, fez tudo
> para canalizar os velhos cultos agrários que a tinham precedido:
> ela enquadrou, guiou, assimilou, os jogos e as festas ao ritmo
> das estações, as "árvores de maio" e os fogos de São João, mas
> ela não quis ir até o fundo do subconsciente camponês: a terra
> é Mulher, o homem a fecunda e os frutos são seus.

Em meio a este processo de cisão e continuidade, transformação radical e permanência histórica, Cristo é representado no Cristianismo como o *cronocrátor*, o senhor do tempo, e esta imagem é recorrente. Afinal, o nascimento de Cristo corresponde ao solstício de inverno e sua morte coincide com o equinócio da primavera. O que existe fora dessas datas não é considerado, o que faz de sua biografia uma narrativa limitada ao início e ao fim.

Buda se define como o *irmão mais velho do mundo*. Já Cristo é frequentemente associado à imagem de uma criança, com o Menino Jesus sendo uma das figuras mais recorrentes no imaginário cristão. Lemos em Isaías (9, 6): "Porque um menino nos nasceu, um filho se nos deu; e o principado está sobre os seus ombros; e o seu nome será: Maravilhoso, Conselheiro, Deus Forte, Pai da Eternidade, Príncipe da Paz". E este trecho, mesmo não se referindo ao nascimento de Cristo, foi visto pelos cristãos como uma anunciação profética de seu nascimento e uma descrição de quem viria para salvar o mundo.

E o que existiu antes disso é como que esvaziado de seu significado e deslocado de seu eixo, no que Pattaro (1975, p. 214) assinala:

> O próprio fato de toda a literatura neotestamentária ter sido
> escrita após a morte e a ressurreição de Cristo e invocar esses

acontecimentos em apoio à sua própria autoridade mostra implicitamente que se tinha plena consciência de estar deslocando o eixo temporal ao se referir ao passado de Cristo.

Lemos no Apocalipse (1, 8): "Eu sou o Alfa e o ômega, o princípio e o fim, diz o Senhor, que é, e que era, e que há de vir, o Todo-Poderoso". O tempo sagrado – o tempo de Deus – é, portanto, eterno e imutável, em contraste com o tempo profano – tempo dos homens – que é precário e transitório. E tal contraste – evidente herança greco-judaica – estruturaria toda a temporalidade cristã.

Nem por ser ilusório, contudo, o tempo profano é desprovido de essencialidade. Pelo contrário, o Cristianismo considerou o tempo quase como um elemento sagrado da vida, por ser a porta de entrada para a eternidade e por ser o tempo que Cristo redimiu com sua presença e morte. Mas o tempo, por outro lado, possui dimensões profanas: há o tempo puramente profano, que é o terreno do pecado; e há o tempo litúrgico, celebrado durante a missa e concretizado no momento da eucaristia, quando tempo sagrado e tempo profano se fundem.

Arendt (1981, p. 30) destaca:

> A queda do Império Romano demonstrou claramente que nenhuma obra de mãos mortais pode ser imortal, e foi acompanhada pela promoção do Evangelho cristão, que pregava uma vida individual eterna, à posição de religião exclusiva da humanidade ocidental.

Com isso, a busca da imortalidade na esfera profana é desvalorizada, e tal desvalorização decorre da valorização da eternidade. É um princípio socrático herdado pelo Cristianismo e, a partir dele, as coisas profanas nascem para ter um fim, com a salvação eterna podendo ser buscada apenas junto a Deus por intermédio de seu Filho.

Por ser mortal, o tempo profano é ilusório perante a dimensão da eternidade. Qualquer riqueza e bem terreno são puramente ilusórios, assim como ilusória é a felicidade a ser deles obtida. A única beatitude possível é eterna, em contraste com a miragem da felicidade profana.

A partir dessa dualidade, Pattaro (1975, p. 212) menciona a existência de um "duplo círculo" no Cristianismo, e o descreve:

> O primeiro encerra em torno do "tempo" de Cristo uma série de "tempos" intimamente ligados a Cristo; o segundo abarca todo o tempo humano e submete-o ao irrevogável juízo da história bíblica, de maneira que, para os cristãos, o tempo e a história deixam de ser profanos, pois estão subordinados a esse irrevogável juízo.

Apenas por intermédio de Deus, contudo, o mundo profano pode receber influências e alterações alheias à sua temporalidade e à sua estrutura, e buscá-las fora do âmbito sagrado validado pela Igreja transforma-se em pecado a ser punido com a máxima severidade, o que explica, por exemplo, a condenação incondicional da astrologia feita pelos elaboradores da doutrina cristã.

O Cristianismo, segundo Agamben (2005, p. 115), "separa resolutamente o tempo do movimento natural dos astros para fazer dele um fenômeno essencialmente humano e interior". E qualquer coisa que fuja a essa essência e não esteja vinculada à doutrina cristã – caso da astrologia – é condenada, com episódios se multiplicando ao longo dos séculos. Assim, em 1628 ocorreu um eclipse lunar em janeiro e um eclipse solar em dezembro, e astrólogos previram a morte do Papa Urbano VIII, que publicou uma bula, então, proibindo tais previsões.

Mesmo sendo profano, o tempo é um momento da eternidade e pertence a Deus. Nele, o que Deus nos dá pertence a ele e ele pode retirar a doação a qualquer momento. Apenas Deus possui direito de posse e de uso sobre ele, o que faz com que qualquer apropriação humana (a cobrança de juros sobre atrasos, a mensuração do tempo com finalidade produtiva) seja blasfema e seja vista e punida como tal. Essa é a perspectiva católica que dominaria o período medieval e que apenas a ascensão do Protestantismo colocaria em questão.

O tempo profano, por ser irrepetível na perspectiva judaico-cristã, abre caminho para um fim redentor, dotado igualmente de uma unicidade irredutível. Com isso, a temporalidade cristã é compreendida como uma espécie de vetor que liga o passado ao futuro remoto, que é conhecido pelo fiel por intermédio de uma revelação. O Cristo que viveu entre os seres humanos e compartilhou de seus sofrimentos é o Cristo que voltará ao mundo quando este viver seu último dia e, entre esses dois eventos, transcorre o tempo profano da cristandade.

A consumação da revelação fará com que os sofrimentos dos cristãos sejam recompensados com o evento que abolirá definitivamente o tempo histórico, assim como as misérias da vida terrena serão justificadas a partir do evento que as redimirá, bem como pela existência de um paraíso que aguarda, depois da morte, os que viveram o inferno em vida, sem esmorecer nem perder a fé.

Delumeau (2003, p. 62) acentua:

> O paraíso cristão foi durante muito tempo solidário com uma cosmografia; também foi inseparável de uma concepção do tempo que estabelecia uma "continuidade articulada" entre o

passado e o futuro, bastante próximo, em que a história teria fim para dar lugar à eternidade.

A existência do Paraíso e a concepção escatológica do tempo articulam-se, assim, no imaginário cristão e articulam, igualmente, o imaginário medieval, dotado de uma forte dimensão escatológica a partir da qual o retorno de Cristo é frequentemente visto não como um evento remoto, mas como algo a ser esperado no presente ou em um futuro próximo, o que contribuiu em muito para desvalorizar o tempo cronológico, esvaziando-o de seu significado. E trata-se, ainda, de uma concepção longamente trabalhada nas Sagradas Escrituras.

O Apocalipse significa, ao mesmo tempo, segundo Ricoeur (2010, v. 2, p. 39), "o fim do mundo e o fim do Livro". E, no texto, o retorno de Cristo ganha um sentido de imediaticidade que fica claro, por exemplo, quando lemos no Apocalipse (10, 6): "E jurou por aquele que vive para todo o sempre, o qual criou o céu e o que nele há, e a terra e o que nela há, e o mar e o que nele há, que não haveria mais demora".

A salvação associada à segunda vinda de Cristo surge igualmente como algo eminente quando lemos em Coríntios (7, 29): "Isto, porém, vos digo, irmãos, que o tempo se abrevia; o que resta é que também os que têm mulheres sejam como se as não tivessem". E, da mesma forma, quando lemos em Romanos (13, 11-12):

> E isto digo, conhecendo o tempo, que é já hora de despertarmos do sono; porque nossa salvação agora está mais perto de nós do que quando aceitamos a fé. A noite é passada, e o dia é chegado. Rejeitemos, pois, as obras das trevas e vistamo-nos das armas da luz.

Já em Marcos (13, 32), tal evento torna-se incerto, quando lemos: "Mas daquele dia e daquela hora ninguém sabe, nem os anjos que estão no céu, nem o Filho, senão o Pai". E, por isso, o cristão deve saber esperar e deve ser paciente, o que é recomendado em Romanos (15, 4): "Porque tudo que dantes foi escrito para nosso ensino foi escrito para que pela paciência e consolação das Escrituras tenhamos paciência".

O retorno de Cristo é, por fim, descrito em Tessalonicenses (4, 16): "Porque o mesmo Senhor descerá do céu com alarido, e com voz de arcanjo, e com a trombeta de Deus; e os que morreram em Cristo ressuscitarão primeiro". E seu sentido redentor surge de forma nítida, quando lemos no Apocalipse (21, 4): "E Deus limpará de seus olhos toda lágrima; e não haverá mais morte, nem pranto, nem clamor, nem dor; porque já as primeiras coisas são passadas". A paciência e o sofrimento cristãos serão, então, recompensados no fim dos tempos.

Presbíteros, no Cristianismo primitivo, eram, originalmente, os anciãos, vistos como sábios e guias em meio à renovação. E a renovação trazida pelo Cristianismo teve um impacto decisivo na forma de contar as horas e datar o tempo, gerando uma temporalidade radicalmente original e vinculada à tradição, ao mesmo tempo que nortearia a estruturação do tempo por parte do clero, o que Le Goff (1993, p. 45) destaca:

> O clero medieval, instruído nas Sagradas Escrituras, habituado a tomar a Bíblia como ponto de partida da sua reflexão, considerou o tempo a partir dos textos bíblicos e da tradição legada, além do Livro Santo, pelo Cristianismo primitivo, os Pais e os exegetas da Alta Idade Média.

E a preocupação com a datação do tempo foi, ao mesmo tempo, consequência e matriz dessa inovação.

O que para os cristãos é o *Anno Domini*, para os muçulmanos é a Hégira, ou seja, o ano no qual Maomé, escapando aos seus perseguidores, fugiu de Meca para Medina; ano 1 do Islamismo e ano 1 da Era Muçulmana, que corresponde, aproximadamente, ao ano cristão de 634. Mas, o *Anno Domini*, como surgiu?

Em 525, um monge chamado Dionísio, o Pequeno, recebeu um pedido do Papa João I para calcular a data da Páscoa no ano seguinte. E, ao fazer isso, ele foi muito além, criando um sistema de a datação baseado no nascimento de Cristo, ou seja, o *Anno Domini*, (d.C.) situado por ele em exatos 531 anos antes de a datação ter sido definida.

Coube a Carlos Magno a incorporação nos calendários da máquina pública, do sistema de datação baseado no *Anno Domini* criado por Dionísio, o Pequeno. E coube a João XIII, em 956, datar os anos a partir do nascimento de Cristo, cabendo, por sua vez, a Leão IX, escolhido em 1084, a uniformização dessa prática por parte do papado. Em 1300, Bonifácio VIII organizou uma festa para comemorar os 13 séculos do Cristianismo, atraindo 20.000 peregrinos e consolidando a contagem do tempo a partir do nascimento de Cristo. Já a data referente a antes de Cristo (a.C.), contudo, foi utilizada pelos cristãos apenas a partir de 1627, quando foi introduzida por um astrônomo francês chamado Denis Petau, em suas aulas em Paris. Surgiu, ao longo desse percurso, portanto, a datação utilizada de forma universal nos dias de hoje, mesmo em regiões nas quais predominam religiões que utilizam datações baseadas em outros eventos fundadores de um novo tempo.

A definição das datas por parte da Igreja foi norteada, ainda, pela preocupação em estabelecer as festas religiosas de acordo com os dias nos quais ocorreram, ou seja, com a localização temporal correta dos eventos narrados nos Evangelhos. A necessidade de estabelecer e seguir essa ordem transparece, por exemplo, quando Jacopo de Varazze (2003, p. 42), escrevendo no século XIII, assinala no prólogo da *Legenda áurea*:

> Para seguir a ordem estabelecida da Igreja, trataremos primeiro das festas que caem no tempo da Renovação, que a Igreja celebra do Advento ao Natal; em segundo lugar das festas que caem em parte no tempo da Reconciliação e em parte no da Peregrinação; em terceiro das festas que se celebram no Desvio, isto é, da Septuagésima à Páscoa; em quarto das festas do tempo da Reconciliação, da Páscoa à Pentecostes; em quinto das que ocorrem no tempo da Peregrinação, celebrado pela Igreja de Pentecostes ao Advento.

E, em meio a esse processo, à datação correta da Páscoa foi dada a máxima relevância.

A Páscoa, no calendário cristão, ocorre no primeiro domingo após a primeira Lua cheia seguinte ao 21 de março, podendo acontecer no domingo seguinte, caso a Lua cheia ocorra em um domingo. E a definição da data na qual a Páscoa deveria ser celebrada mobilizou a cristandade em seus primeiros séculos e foi o mote para que diversas pesquisas, visando a uma medição mais exata do tempo, fossem realizadas. Foi um dos fatores, por exemplo, que levaram à reunião em 325, por decisão de Constantino, do Concílio de Niceia. E, em Niceia, foi decidido que a Páscoa seria comemorada no primeiro domingo depois da primeira Lua cheia após o equinócio, não devendo, porém, coincidir com a Páscoa judaica. Com isso, contudo, o antigo calendário lunar, rejeitado a partir do calendário juliano, voltava a ser utilizado, com todas suas incorreções e deficiências.

Também a definição do dia santo a ser celebrado semanalmente, seguindo a tradição do sábado judaico, mas adaptando-o ao contexto cristão, foi de grande importância na origem do Cristianismo. Com isso, algumas reformas feitas por Constantino incluíam o reconhecimento do domingo como um dia santo, em oposição ao sábado judaico, e o reconhecimento de feriados cristãos como o Natal, celebrado de forma fixa, e a Páscoa, celebrada em dias diferenciados. Hamman (1997, p. 177) descreve as diferenciações regionais geradas a partir da reforma efetuada por Constantino:

> Ingleses e alemães conservam o nome que era corrente no tempo de Justino: dia do Sol (*Sunday*, *Sonntag*). Franceses, italianos, espanhóis e portugueses usam a denominação cristã, empregada desde o fim do século I: *dimanche* (*domenica*, domingo), dia do Senhor, ao passo que o Oriente e a Rússia falam do dia pascal ou da ressurreição (*voskresenie*), atestado desde o século III.

Também o monasticismo desempenhou um papel de fundamental importância na construção da datação cristã, cabendo a Cassiodoro, um monge nascido em 490, de uma família de patrícios, a criação de calendários que visavam regular as festas e obrigações monásticas, definindo-as em termos de dias, semanas e meses. E coube a Benedito de Núrsia, outro monge, em aproximadamente 540, a criação da Regra Beneditina, que definia o cotidiano dos monges a partir de horários.

Surgem, com isso, as horas monásticas, ou canônicas, de fundamental importância para a sistematização do tempo no período medieval e que definem as mais diversas atividades em sete tempos, que são as Matinas (aurora/quatro badaladas), que necessitavam de um instrumento que acordasse os monges para a sua celebração, a Hora Prima (nascer do Sol/três badaladas), a Hora Tertia (meio da manhã/duas badaladas), a Hora Sexta ou Meridies (meio-dia/uma badalada), a Hora Nona (meio da tarde/duas badaladas), as Vésperas (pôr do sol/três badaladas) e as Completas (anoitecer/quatro badaladas).

E, assim como os monges sentiram a necessidade de cronometrar seus afazeres monásticos, os cristãos, de modo geral, sentiram a necessidade de esclarecer quais, afinal, eram suas datas religiosas, especialmente a Páscoa; já os muçulmanos precisavam saber em quais horas do dia exatamente eles iriam se ajoelhar e rezar de acordo com as indicações do Profeta, que exigiu que isso fosse feito cinco vezes ao dia.

Na Idade Média, o tempo foi marcado com mais ou menos precisão, dependendo das circunstâncias. Assim, bem poucos, segundo Delort (1972, p. 64), sabiam situar as horas a partir da posição das estrelas e dos signos do zodíaco, que mudavam não apenas de uma hora para outra, mas de uma noite para outra. Por outro lado, como descreve Frake (1985, p. 259), sem tabelas de ondas muitos navegantes, hoje, precisariam de ajuda, mas o navegante medieval não dispunha dessas tabelas.

A cronologia medieval inovou ao abandonar a datação baseada na sucessão dos reinados, comum à Antiguidade, sem, contudo, chegar ainda à datação moderna, no que Duby (1993, p. 36) ressalta em relação aos redatores e arquivistas dos séculos X e XI: "As tradições de chancelaria e uma concepção do desenrolar do tempo muito diferente da nossa autorizavam os mais precisos entre eles a indicar apenas o mês e o dia da semana". O ano, portanto, não era mencionado, e Whitrow (1993, p. 100) assinala:

> Em pleno século XV, é duvidoso que as pessoas em geral soubessem o ano corrente da Era Cristã, uma vez que isso

dependia de um cálculo eclesiástico e não era muito usado no cotidiano. Raramente datavam suas cartas e, quando o faziam, era pelo ano do reinado do soberano.

Em Montaillou, segundo Ladurie (1997, p. 350),

> é o cura (eventual detentor de um calendário) que se encarrega de dizer, se necessário, em que dia do ano se está, sendo esse dia codificado não por uma cifra, mas pelo nome de um santo ou de uma festa: o cura é o guardião do tempo.

E Ladurie (p. 354) acrescenta: "Quando se referem a dados históricos (no sentido moderno do termo), os testemunhos montalioneses, na maior parte dos casos, limitam-se a pôr em causa os fatos posteriores a 1290 e, mais ainda, a 1300".

Já o uso de instrumentos mecânicos de medição do tempo se deu com um considerável atraso por parte da cristandade em relação, por exemplo, aos muçulmanos. Dessa forma, em 1232, o sultão de Egito presenteou Frederico II com um relógio e um planetário, e este presente pôde ser visto como demonstração evidente de ascendência cultural, ou, pelo menos, foi isso que se buscou demonstrar.

Toda a temporalidade vivenciada pelo homem comum na Idade Média, e não apenas por ele, tinha como fundamento as datas consagradas pela Igreja, com o domingo estruturando, como ainda hoje acontece, a marcação do tempo semanal. E os dias não eram reconhecidos por sua posição no ano ou no mês, mas pelo santo que era nele celebrado. Assim, o que havia ocorrido um dia era recordado como tendo ocorrido no dia de tal santo, bem como o que estava marcado para ocorrer ou o que estava acontecendo. Mas também as horas do dia eram definidas com base em práticas devocionais. Por isso, livros de horas foi o nome dado a livros familiares de devoção no século XV, com o próprio nome anunciando, já, a necessidade de estabelecer horários precisos para a prática religiosa no âmbito doméstico.

Também os sinos tiveram uma importância no período medieval que os coloca na posição de legítimos precursores da função que os relógios desempenhariam séculos depois: definir os estágios do dia entre os que viviam ao alcance de seu som. E embora jamais tivessem obtido o alcance universal que os relógios mais tarde alcançariam – em momento algum da Idade Média eles chegaram a estruturar todo o cotidiano –, sua importância não deve ser subestimada. Cabia aos sinos, afinal, nesse período, a coordenação do dispêndio de energia e de atividade produtiva nas comunidades que se organizavam ao redor da igreja, ou seja, ao seu redor.

É um erro, contudo, pensar a temporalidade medieval como de caráter estritamente cristão, pois equivaleria a ignorar a diversidade de atividades desenvolvidas no período, comuns a toda sociedade humana e indispensáveis à própria sobrevivência. Havia, assim, o tempo do trabalho do camponês, do mercador ou do artesão, cujos trabalhos e dias eram marcados pelas necessidades práticas da sobrevivência, e havia um tempo lúdico que não coincidia necessariamente com as festividades cristãs, possuindo, frequentemente, raízes pagãs.

E a urbanização crescente significou, por fim, a secularização crescente do tempo. Afinal, o tempo no campo é medido a partir da natureza e segue seu ritmo, ao passo que o tempo na cidade é medido a partir de critérios artificiais, sendo que as atividades urbanas necessitam de uma precisão em termos de horários que o habitante do meio rural frequentemente ignora.

Enfim, o crescente processo de urbanização vivido a partir do declínio da Idade Média contribuiu para que o tempo fosse cada vez mais mensurado em termos de horas e minutos, ou seja, de frações que o homem medieval praticamente desconhecia. E, consequentemente, o dia, ao tornar-se algo sistematicamente mensurável, abandonou a transcendência medieval e abriu caminho para a temporalidade moderna.

2.4 O tempo do Renascimento à Modernidade

Dois eventos históricos – o Renascimento e a Revolução Francesa – podem ser definidos como paradigmáticos em relação às transformações sofridas pelo tempo na Idade Moderna.

O Renascimento foi um período no qual múltiplas pesquisas relacionadas à natureza, ao corpo humano e astros – pesquisas astronômicas ou astrológicas – redefiniram os sentidos do tempo, fazendo com que as categorias pelas quais este era percebido na Idade Média fossem gradualmente abandonadas. Com isso, os planetas perderam paulatinamente seu sentido astrológico e ganharam, em uma transição lenta e frequentemente contraditória, seu sentido astronômico. Assim, os números, as horas e os dias perderam gradativamente seu sentido simbólico e transformaram-se em meios relativamente neutros de mensuração.

Assistimos, no Renascimento, portanto, a um esforço preponderantemente científico, e não mais fundamentado ou motivado pela religião, de medir o tempo, sendo tal esforço desenvolvido por técnicos e engenheiros e não mais pelo clero, o que deslocou o sentido do tempo do espaço religioso para o espaço profano. E esta, tanto ou mais que uma transformação em termos técnicos e científicos, foi uma transformação em termos de mentalidade.

O tempo profano deixou de ser, afinal, o tempo do pecado a ser redimido pelo seu próprio fim e se transformou em algo a ser conhecido pela ciência e medido pela técnica. Com isso, uma série de mudanças cognitivas colocou em questão a temporalidade definida pelos escolásticos e pela filosofia clássica, com as grandes descobertas geográficas efetuadas no período servindo de argumento e pano de fundo para tais mudanças. E Rossi (1992, p. 53) descreve, nesse sentido, uma das consequências da descoberta da América:

> No aspecto, na linguagem, nos costumes, esses homens são diferentes dos asiáticos, europeus e franceses. Os animais são diferentes dos que povoam os outros três continentes. Essas dificuldades deram novo vigor às teses sacrílegas que advogavam a eternidade do mundo e a ideia de a vida originar-se da matéria.

E a construção de um novo espaço geográfico corresponde à criação de um novo espaço cosmológico, com Piettre (1997, p. 75) destacando em relação às novas concepções renascentistas:

> O espaço é o dos matemáticos, um espaço sem qualquer limite, sem direção privilegiada, em que não há mais nem o alto (o Céu), nem o centro (a Terra), nem as regiões inferiores (os infernos), onde o centro e a circunferência não estão, efetivamente, em parte alguma.

É preciso, por outro lado, relativizar a dimensão dessas transformações a partir das linhas de continuidade presentes durante o período. Assim, Dubois (1995, p. 120) acentua em relação à Renascença: "Todos estavam mais ou menos de acordo em dar como início do Universo o ano 4000 antes de Jesus

Cristo. As teorias de origem pagã sobre a eternidade da matéria são rejeitadas como ímpias".

As "teses sacrílegas", no entanto, se foram compartilhadas pelos cientistas, foram vistas como tais, ou seja, como sacrílegas, pela população que se manteve fiel à concepção do tempo definida como válida pela tradição cristã. E uma sensação de declínio eminentemente pagã e vinculada a um sentido cíclico do tempo manteve sua força no período, como, aliás, mantivera-se presente ao longo de toda a Idade Média, o que Sérgio Buarque de Holanda (1977, p. 188) descreve em relação ao Renascimento:

> Na alta missão pedagógica atribuída, por exemplo, a um Plutarco, e no imenso prestígio que conheceram suas *Vidas* a partir do século XVI, não entraria uma confissão tácita da inferioridade dos tempos correntes e, portanto, de uma efetiva decadência dos homens?

Já a Revolução Francesa, ganha seu sentido paradigmático a partir da transformação radical da datação, que abandona o nascimento de Cristo como ponto de partida e a substitui pelo próprio início da Revolução, que passa a ser o ano zero da humanidade, assim como os meses antigos são abolidos, começando a valer novas denominações e divisões que passam a incluir meses como o brumário, o vendemiário e outros. Tais mudanças teriam pouca duração, mas podem ser vistas como o extremo revolucionário da secularização do tempo iniciada no Renascimento e, segundo Löwith (1969, p. 248), ao destruir a tradição, a Revolução Francesa dotou de historicidade a consciência contemporânea.

Neste novo calendário, o ano era dividido em 12 meses de 30 dias, partidos em 3 semanas de 10 dias, além de 5 dias que viravam 6 nos anos bissextos. Já o dia era repartido em 10 horas, que equivaliam a 2 horas e 24 minutos convencionais. O ano começava em 22 de setembro e cada dia tinha uma denominação específica, assim como cada mês recebeu nomes baseados nas condições climáticas e agrícolas. Germinal, por exemplo, era o mês referente à germinação das sementes.

Schama (1989, p. 619) acentua em relação ao calendário revolucionário: "Em conformidade com o culto da natureza, os 12 meses seriam denominados não só em relação ao clima instável (sobretudo no norte e centro do país), como também em poéticas evocações do ano agrícola". E, por sua vez, o novo calendário, além de seu sentido poético, possuía um sentido mítico. Ele tinha como objetivo contribuir para a criação do mito revolucionário, ou seja, da transformação revolucionária não apenas do Estado, mas de toda a vida humana, incluindo sua temporalidade.

Para que isso pudesse ser concretizado, tornava-se necessário eliminar as associações vinculadas ao antigo calendário, estruturado a partir do nascimento de Cristo e, portanto, de caráter cristão. O que se buscava, com isso, era a criação de um tempo estritamente secular, no qual a memória estivesse relacionada à Revolução e não mais a um passado a ser abolido. Andries (1996, p. 307) afirma, em relação à Revolução Francesa:

> Que inventou a noção de Antigo Regime. Daí em diante havia um tempo antes e um depois, divididos pela Revolução. Uma ruptura, mais que uma mera alteração no calendário, foi instaurada na memória humana.

O Renascimento e a Revolução Francesa anunciam o surgimento da temporalidade contemporânea; dos tempos modernos. Mas, como caracterizá-los?

Sua principal característica é o fato de ele ser cronometrado pelo rigor que deve ser levado em consideração nas relações de trabalho e produção, o que nunca havia ocorrido antes. Portanto, vivemos imersos em uma temporalidade cronometrada a partir de horas e minutos, e o que nos parece usual é, na verdade, uma novidade histórica que caracteriza as sociedades contemporâneas. E o tempo cronometrado, contemporâneo, mal é percebido por quem tem sua vida medida por ele, mas a sociedade contemporânea não existiria sem ele e sem sua invisibilidade.

O tempo torna-se cada vez menor, suas medidas cada vez mais microscópicas e as distâncias temporais cada vez mais curtas, sendo que novas tecnologias, principalmente vinculadas à informática, tornam nossa percepção temporal algo radicalmente distinto do que era algumas décadas antes.

A alimentação, por exemplo, passou a ser cada vez mais cronometrada, obedecendo às necessidades sociais e profissionais tanto ou mais que às necessidades orgânicas. Mas, é no esporte que a mensuração rigorosa do tempo ganha seu sentido simbólico mais expressivo. Afinal, em esportes como o atletismo e a natação, por exemplo, segundos e décimos de segundos ganham um papel decisivo, fazendo com que o rendimento físico do atleta seja medido em termos de superação temporal, o que para o homem medieval, por exemplo, não faria nenhum sentido.

Outra característica do tempo moderno é sua padronização. Pela primeira vez, povos de todo o planeta contam seu tempo a partir dos mesmos parâmetros de medição. Com isso, se os fusos horários mudam, eles mudam a partir de um parâmetro universal, o que se torna indispensável para que a economia internacional seja gerida com base em critérios temporais mundialmente reconhecidos e para que o poder e a cultura sejam estabelecidos de forma relativamente homogênea.

E uma terceira característica, que deriva das anteriores e as fundamenta, é o fato de o tempo ter se transformado em uma medida a ser calculada. Mencionando a importância da cronologia para o "sentido histórico moderno do passado", Hobsbawm (1998, p. 34) acentua: "À primeira vista a cronologia é menos essencial ao sentido tradicional do passado (padrão ou modelo para o presente, depósito e repositório de experiência, sabedoria e preceito moral)". Mas não apenas a cronologia histórica ganha um novo sentido, uma vez que, como salienta Simmel (1990, p. 444), uma característica das funções intelectuais contemporâneas é o desejo de regular as relações sociais e individuais por meio de cálculos, sendo o ideal cognitivo a ser alcançado a concepção do mundo como um problema aritmético, com os eventos e as qualidades distintivas sendo concebidas como um sistema de números.

A ânsia pelo novo que caracteriza a temporalidade moderna atua, ainda, como um corrosivo perante as tradições, o que faz com que as pessoas se insiram em um momento sem passado. Assim, não apenas o passado deixa de ser compreendido em suas causas e consequências, como a própria memória social e de si próprio se transforma em algo suspeito ou, no mínimo, supérfluo. Nesse contexto, o passado se transforma em peça de museu, fetiche ou item de colecionador, mas a tradição que o fundamenta se transforma em uma espécie de trambolho e a própria recordação se transforma em um risco, o que faz com que, em poema intitulado *Apague as pegadas*, Brecht (1986, p. 70) aconselhe:

Cuide, quando pensar em morrer
para que não haja sepultura revelando onde jaz

com uma clara inscrição a lhe denunciar
e o ano de sua morte a lhe entregar.
mais uma vez:
apague as pegadas!

A criação do tempo moderno está, por sua vez, associada a todo um conjunto de transformações vinculado à/ao:

1. processo de urbanização e maior rigor quanto ao uso do tempo que caracteriza as grandes cidades;
2. revolução Industrial e pós-industrial;
3. Consolidação de meios de comunicação que transformaram a veiculação de informações em um processo praticamente instantâneo e desprovido de fronteiras;
4. estabelecimento de relações políticas e sociais que demandam o reconhecimento das mesmas medidas temporais.

A informação vai além dos suportes materiais e passa a transitar pela internet, que define uma nova configuração temporal, imediata e totalizante, uma vez que "tudo" está ali. Nesse processo, fronteiras nacionais são ignoradas, o capitalismo e a temporalidade por ele regidos se desterritorializam. Mas o passado, quando cai na rede, perde sua *aura*, para utilizar a expressão de Benjamin, e se acumula de forma indistinta, com os critérios tradicionais de validação perdendo foco e autoridade.

Com isso, ainda, o tempo ganha uma velocidade até então desconhecida e sua valorização passa a corresponder à possibilidade de ele ser processado a partir de velocidades cada vez maiores. E, agora, o tempo passa a ser avaliado de forma cada vez mais qualitativa, inclusive e principalmente nas relações produtivas e trabalhistas.

Nesse contexto, novas concepções de tempo ganham terreno e se consolidam. Carpeaux (1978, v. 1, p. 25) diferencia: "Para os românticos, o Tempo significava uma categoria histórica; para os positivistas, era apenas o toque de relógio, indicando a hora exata do acontecimento". Vaz (1997, p. 263) ressalta o

> abandono da concepção antiga do tempo *cosmológico* recorrente e eterno [e sua substituição] por duas novas representações do tempo: o tempo *físico* dos fenômenos introduzido como variável das equações do movimento e relativo aos procedimentos de medida do observador e o tempo histórico dos eventos humanos.

E são essas, de fato, as temporalidades que contam sob a Modernidade.

O advento da temporalidade moderna está associado, finalmente, ao predomínio do tempo linear sobre o tempo cíclico, como que resolvendo um conflito milenar e dando ganho de causa aos defensores do tempo linear, de origem judaico-cristã, sobre a temporalidade cíclica, de cunho pagão. Mas, com essa vitória, é consolidada a angústia, caracteristicamente moderna, em relação ao tempo perdido que, por ser linear, está perdido para sempre.

Chegamos, enfim, a um tempo pós-moderno? Por se tratar de um conceito consideravelmente vago, não há como responder a esta pergunta, o que pode ser ressaltado é a criação de uma rede temporal absolutamente histórica e cronológica, baseada não mais em grandes perspectivas históricas, mas em um tempo estilhaçado, fragmentado e avesso às grandes narrativas. Um tempo que não concebe mais seu fim, que recusa escatologias políticas e religiosas e é, por isso mesmo, um tempo desesperançado, ou melhor, que prefere situar suas esperanças no cotidiano e em seus conflitos. Porém, neste tempo, o passado arrisca perder sua capacidade de explicar o presente, seja pelo fato de o tempo cíclico não encontrar mais seu espaço em confronto com o tempo moderno, seja por este tempo ser radicalmente moderno, ou seja, alheio ao passado.

Mas se mantêm, como sempre ocorre, linhas de continuidade cujo sentido Curtius (1996, p. 318) descreve:

> A distinção entre velho e novo não tem necessariamente um significado polêmico. Pode também designar a sequência de dois estilos ou épocas que se sucedem, como a "comédia antiga", a "média" e a "nova" ou os dois testamentos da igreja cristã.

E, a partir dessas linhas, o passado ressurge, igualmente como sempre ocorre, onde menos se espera.

O triunfo da temporalidade moderna não pode ser pensado como uma vitória sem combates. Pelo contrário, desde sempre e ainda hoje tivemos e temos pensadores e movimentos que buscaram protestar, embora sempre na contracorrente da história e sem maiores resultados efetivos, contra a ditadura do relógio e do tempo produtivo, estritamente presencial, que marca a Modernidade. As utopias milenaristas secularizadas presentes ao longo do século XX representaram esse processo, frequentemente com resultados trágicos e, no século XIX, autores como Baudelaire e Nietzsche levantaram a voz contra esse triunfo.

Já no século XIX o relógio foi amaldiçoado por autores que viam seu predomínio como uma ditadura essencialmente prosaica, e Baudelaire (2006, p. 33) idealiza um tempo alheio a esse prosaísmo: "Não! Não há mais minutos, não há mais segundos! O tempo desapareceu; é a Eternidade que reina, uma eternidade de delícias". E menciona como vê

> a hora distintamente, sempre a mesma, uma hora vasta, solene, grande como o espaço, sem divisões, nem de minutos nem de

segundos – uma hora imóvel, que não é marcada no mostrador dos relógios e, entretanto, leve como um suspiro, rápida como uma olhadela. (p. 91)

Baudelaire (1985, p. 313) ainda exclama:

Relógio! Deus sinistro, hediondo, indiferente,
que nos aponta o dedo em riste e diz: "Recorda"!

E Nietzsche (1981, p. 57) afirma: "Foi assim que se dissipou meu maravilhoso sonho matutino, talvez sob os rudes sons do relógio da torre que anuncia nesse instante a quinta hora com toda importância que lhe é particular". O que temos, em ambos os casos, é um desejo de eternidade e evasão formulado em oposição à precariedade da Modernidade.

Capítulo 3
A datação do tempo

3.1 Da hora à eternidade

A contagem das horas variou historicamente, o que fica claro quando lemos em Mateus (27, 45): "E desde a hora sexta houve trevas sobre toda a Terra, até a hora nona". No caso, o tempo é contado a partir de horas e, mais especificamente, a partir de um bloco de três horas. Mas, já em Roma, havia atividades próprias e impróprias para determinadas horas do dia. Suetónio (*Os doze césares*, Augusto, XLIV) menciona como Augusto adiou para o dia seguinte um pugilato entre dois lutadores reclamados pelo povo e declarou que "não achava bom as mulheres virem ao teatro antes da quinta hora".

A definição e valoração das horas do dia sempre seguiu, portanto, critérios morais e sociais que, por sua vez, variaram historicamente, sendo que os critérios de diferenciação do dia sempre foram historicamente determinados. O início do dia foi marcado seja pela aurora, seja pelo crepúsculo e teve seu início ao meio-dia ou à meia-noite, sem que houvesse nenhuma razão científica para tais escolhas que, em todas essas ocasiões, foram eminentemente políticas, sociais ou culturais. Assim, judeus e muçulmanos escolheram o pôr do sol como início do dia, ao passo que os egípcios, por exemplo, optaram pela aurora.

O dia, na Babilônia, já era dividido em 24 horas, assim como os sumérios haviam criado um ano de 360 dias. Já os egípcios haviam criado o mesmo ano de 360 dias, mas acrescentaram a ele cinco dias suplementares. Do outro lado do planeta, e alguns milênios mais tarde, também os maias criaram um ano de 365 dias, além de um ciclo de 260 dias, criado aproximadamente em 1000 a.c., no qual cada dia era associado a profecias e orientações religiosas.

Entre os gregos, o transcorrer do dia e da noite não é dividido a partir de horas, conforme lemos na *Ilíada* (X, 251-253): "Vamos! A Noite já vai adiantada; aproxima-se a Aurora; os astros acham-se muito avançados, e mais de dois terços já transcorreram a Noite; somente nos resta uma parte". Já na tradição judaico-cristã, o dia é dividido a partir da distinção entre manhã, tarde e noite ou de acontecimentos como o cantar do galo, mas não ainda pelas horas numeradas, o que fica claro quando constatamos, em Marcos (13, 35), a partir de quais momentos o dia era dividido: "Vigiai, pois, porque não sabeis quando virá o senhor da casa; se à tarde, se à meia-noite, se ao cantar do galo, se pela manhã". E Le Goff (1994, p. 518) descreve: "Para muitos povos (hebreus, muçulmanos, africanos etc.), o dia vai do pôr do sol ao pôr do dia seguinte".

Como o dia era medido em Roma, por exemplo? Segundo Plínio (*História natural*, VII, LX), nas Doze Tábuas apenas a alvorada e o crepúsculo estavam especificados. Mas o dia era dividido em Roma em 12 horas, desde a aurora até o crepúsculo, o que faz, por exemplo, com que Sêneca (2000, p. 369) mencione um grande orador o qual nenhum assunto retinha a partir da décima hora. E, segundo Mommsen (1965, v. 1, p. 268), o dia, entre os romanos, começava à meia-noite, enquanto entre os etruscos começava ao meio-dia

Outras formas de dividir o dia, porém, são mencionadas pelos romanos. Assim, os gauleses, de acordo com Júlio César (*Comentários sobre a Guerra Gálica*, VI, XVII), "calculam a divisão do tempo não pelo número dos dias, mas pelo das noites e contam-se os dias natalícios, e os princípios de meses e anos de modo que o dia vem sempre depois da noite".

A palavra "noite", segundo Isidoro de Sevilha (*Etimologias*, v, 31, 1) deriva de nocivo, por fazer mal aos olhos. E, em oposição à noite, lemos no Apocalipse (1, 16): "E ele tinha na sua destra sete estrelas; e da sua boca saía uma aguda espada de dois fios; e seu rosto era como o Sol, quando na sua força resplandece".

Há uma oposição, portanto, entre o sentido positivo, resplandecente da luz do Sol e o caráter perigoso, mutável, do luar. Tomando tal oposição como fundamento, a Lua ganha um evidente sentido simbólico a partir de seu percurso, que vai do nascimento à obscuridade, passando pela plenitude, assim como o dia repete a mesma analogia, sendo sua força e declínio representadas por Dante na *Divina comédia* (Purgatório, XVII, 18):

Como ao céu, que deslumbra em dia ardente,
sendo-lhe véu seu lume flamejante,
senti perdida a força *incontinenti*.

O marco para a passagem do tempo ao longo do ano não era o mês, mas a estação, e mudanças de mentalidade, como as propostas por Beda, o Venerável, no século VIII na Inglaterra, geraram reações descritas por Duncan (1999, p. 167), que assinala:

> Para Beda, o tempo movia-se em progressão ao longo de um calendário, um conceito que poucas pessoas em seus dias reconheciam, já que viviam de estação em estação e passavam as horas infindavelmente costurando ou recitando salmos na hora designada a cada dia.

Por outro lado, lemos nos Salmos (104, 19): "Designou a Lua para as estações; o Sol conhece o seu ocaso". E, assim como ocorreu entre os judeus, a Lua tornou-se o marco para a definição do ano entre os mais diferentes povos da Antiguidade.

E assim como as estações – entre os deuses gregos, a primavera, por exemplo, é consagrada a Hermes, o mensageiro dos deuses, assim como o verão é consagrado a Apolo, o deus solar –, a Lua representa as etapas do desenvolvimento da vida, tanto dos indivíduos quanto das civilizações.

O dia passa, portanto, da positividade resplandecente do Sol, que nunca se transforma, para a mutabilidade da Lua, que aumenta, diminui e desaparece, sendo, por isso, um órgão cuja existência está sujeita à lei universal do devir, do nascimento e da morte. Desse modo, a Lua está mais próxima da evolução humana que o Sol. Ela representa os ritmos e as etapas da vida, o que a transformou em matriz inesgotável de fábulas, ao passo que o Sol é representado, frequentemente, como um deus, mas gerou, na história das religiões, mais admiração e culto que narrativas.

Beaini (1994, p. 326) relata: "Vinculado aos ancestrais míticos e heróis civilizadores, o Sol, como eles, auxilia a divindade em sua tarefa criadora, sendo festejado sobretudo no solstício, passagem do inverno ao verão". E, em comparação,

Beaini (p. 327) afirma: "Se a imutabilidade do Sol acena à visibilidade, à compreensão, ao Dia do que se manifesta em seu significado, a Noite – simbolizada pela Lua – retrata o devir. Na Noite se busca o que persiste no fluxo". E, por isso, ela é tão ambígua e fascinante. Se a marcação do dia variou historicamente, o mesmo se deu em relação à semana. Os sete dias da semana sintetizam a evolução, o que atribui ao número sete o sentido místico que, afinal, sempre foi seu, com o dia sagrado sendo o eixo em torno do qual giram os demais dias; o eixo sagrado que dá sentido a todo o ciclo. É o eixo imóvel do qual ele gira e que confere sentido à transitoriedade do tempo que, a partir da semana, foi dividida de diferentes formas.

Os gregos, assim como os revolucionários de 1789 o fariam, dividiam o mês em três partes compostas de dez dias e, em aproximadamente 700 a.c., na Babilônia, astrólogos designaram deuses-planetas para cada dia da semana, criando, assim, a semana de sete dias, definida por Goody (1999, p. 15) como a mais arbitrária de todas as convenções, sendo que, na África, temos o registro de semanas de três, quatro, cinco ou seis dias.

A semana de sete dias criada na Babilônia já incluía as restrições que impunham a necessidade do descanso semanal com o objetivo de preservar a pureza ritual. Tais restrições, contudo, valiam apenas para o rei e os sacerdotes, ao passo que entre os hebreus elas foram universalizadas. E tal semana foi universalizada por Constantino em 321, que substituiu o sábado santificado pelo domingo a partir do que já era a praxe cristã. Por fim, em 386, Teodósio impôs sanções aos que desrespeitassem o domingo sagrado, confirmando o calendário cristão em oposição às festividades pagãs.

Já no ano sagrado Maia, cada uma das 20 semanas de 13 dias era representada por uma cor, um deus e um pássaro sagrados, com os dias favoráveis e desfavoráveis designados por um especialista no assunto.

E, finalmente, a importância da semana como critério de demarcação do tempo também variou historicamente, sendo que no Judaísmo, de acordo com Crusemann (2001, p. 195), "a semana com seu dia de descanso desempenha o papel mais importante, porque esse descanso está desvinculado de todos os dias festivos relacionados com o calendário lunar".

O ano, por sua vez, representa um processo cíclico completo e anuncia seu retorno periódico, podendo ser representado, segundo Pucelle (1972, p. 33), como um anel, tanto astronomicamente quanto sociologicamente, por se estruturar a partir do retorno periódico de um curso no qual se inscrevem todos os acontecimentos. E o ano é um compromisso entre a ordem astronômica e a ordem humana (p. 34).

Ele é representado em suas fases ascendente e descendente, com o ano solar medindo a passagem do tempo de um equinócio solar ao outro, consistindo de 365.242.419 dias ou aproximadamente 365 ¼ dias. E o ano solar pode ser mensurado, ainda, a partir da passagem aparente do Sol por cada uma das 12 constelações que formam o zodíaco, sendo esse o parâmetro utilizado pelos gregos para medi-lo.

Todo este processo é reiniciado a cada ano, e Eliade (1998, p. 326) acentua: "A repetição simbólica da cosmogonia que se segue ao aniquilamento simbólico do mundo velho regenera o tempo na sua totalidade". Segundo o autor, ainda, "em cada Ano Novo reitera-se a cosmogonia, recria-se o Mundo, e fazendo--o 'cria-se' também o Tempo, quer dizer, regenera-se o Tempo 'começando-o' de novo" (1977, p. 117). Com isso, é a própria Criação, para Eliade (1972, p. 43), que é retomada: "Cada Ano Novo recomeça a Criação. E são os mitos – tanto os cosmogônicos como os mitos de origem – que recordam aos homens como o Mundo foi criado e tudo o que ocorreu posteriormente".

> Por ocasião de cada Ano Novo, os deuses fixam o destino dos 12 meses subsequentes. Trata-se, sem dúvida, de uma ideia antiga que encontramos no Oriente Próximo; mas sua primeira expressão rigorosamente articulada é sumeriana e demonstra o trabalho de aprofundamento e sistematização efetuado pelos teólogos. (1984, t. 1, v. 1, p. 83)

A passagem do ano representa sua regeneração e rituais agrários representam a regeneração da terra não apenas no espaço, mas também no tempo, a partir da repetição de um ato fundador de importância primordial. A terra, assim como o ano, precisa ser aniquilada para renascer, e os ritos agrários, assim como o ritual do Ano Novo, são rituais de sacrifício, de consumo ostensivo, farto e materialmente improdutivo, mas são, também e essencialmente, rituais de renovação. O Ano Novo, afinal, mais que uma data, é um ritual. Ainda hoje é visto e celebrado como tal e sempre foi assim, sendo que alguns exemplos podem ser destacados para ressaltar a universalidade da concepção e do ritual a ela correspondente.

Em Roma, no Ano Novo, eram endereçadas preces à deusa Ana Perena, e os antigos havaianos, segundo Webster (1942, p. 294), comemoravam o Ano Novo com um festival em homenagem ao deus Leno, que é celebrado em novembro e durante o qual nenhuma pesca, banho, batida de tambor ou soprar de concha era permitido.

Voegelin (2009c, p. 81) descreve:

> Na prática do Estado mesopotâmico, as revoluções cósmicas encontraram sua expressão nas cerimônias de Ano Novo, quando o rei-Sol tinha de realizar importantes ritos como um símbolo do Sol, preparando-se para um novo período.

E o Ano Novo em Atenas, segundo Burkert (1993, p. 441), começava com a festa das Pataneias, realizada em agosto, com todos os funcionários mantendo seus postos de uma Pataneia a outra. Por fim, Hale (1983, p. 9) acentua em relação ao Ano Novo no século XVI:

> Podia variar de cidade para cidade e conforme os tipos de documentos em uma mesma cidade: em Roma as bulas eram datadas segundo um ano iniciado a 25 de março, e as missivas papais de acordo com um ano que começava a 25 de dezembro.

A celebração do Ano Novo, contudo, é ainda mais remota, o que Lévêque (1996, p. 59) assinala: "É no Neolítico que se constitui, realmente, uma ordem que vai estruturar o calendário festivo nas grandes religiões do Bronze. Dentro desta ordem, impõe-se como essencial a festa primaveril do Novo Ano".

O conceito de ano é universal, mas diversos povos o dataram de diferentes maneiras. Os gregos o utilizavam desde seus primórdios, conforme lemos em Homero (*Ilíada*, II, 295-292): "Nós, entretanto, já vimos nove anos completos passarem, sempre retidos aqui". Os maias possuíam, ao mesmo tempo, um conjunto de 13 meses de 20 dias formando um ciclo de 260 dias, e um ano solar de 365 dias formado por 18 meses de 20 dias, com 5 dias intercalados. Já entre os egípcios, os anos eram numerados a partir da sucessão dos faraós, sempre recomeçando do número I, a partir do reinado de cada um. E seu início mudou de uma época para outra e de uma região para outra. Por exemplo, na Inglaterra, o dia 25 de março substituiu o dia 25 de dezembro no final do século XII, assumindo o posto de primeiro dia do ano.

O conceito de ano solar dividido em 12 partes foi adotado pelos romanos e criado pelos egípcios, que estabeleceram a existência de 12 meses de 30 dias, mais cinco dias adicionais ao final do ano, já estabelecendo, com isso, a quantia contemporânea de 365 dias. Suetónio (*Os doze césares*, Nero, XXXI) comenta em relação a um palácio construído por ordem de Nero: "A sala principal era uma rotunda, cuja cúpula girava continuamente noite e dia, imitando o movimento do mundo".

Os judeus dividiam o ano em 12 meses, assim como chineses e povos da Ásia Central dividiam o tempo em períodos de 12 anos. O ciclo litúrgico era composto de 12 meses, 12 eram os apóstolos, e lemos em Mateus (10, 1): "E, chamando os seus 12 discípulos, deu-lhes poder sobre os espíritos imundos, para os expulsarem, e para curarem toda enfermidade e todo mal".

As portas da Nova Jerusalém eram 12, como lemos no Apocalipse (21s, 12): "E as 12 portas eram 12 pérolas; cada uma era uma pérola; e a praça da cidade de ouro puro, como vidro transparente". Igualmente, lemos em Gênesis (53, 22): "E aconteceu que, habitando Israel naquela terra, foi Rúben, e deitou-se com Bila, concubina de seu pai; e Israel soube. E eram 12 os filhos de Jacó". E os justos salvos do juízo final, por fim, formam, no Apocalipse (14, 1), um múltiplo de 12: "E olhei, e eis que estava o Cordeiro sobre o monte de Sião, e com ele 144.000, que em suas testas tinham escrito o nome dele e o de seu Pai".

Em relação aos séculos, finalmente, Le Goff (1994, p. 524) afirma: "O primeiro século em que verdadeiramente se aplicaram o conceito e a palavra foi o século XVIII; a partir de agora, essa cômoda noção abstrata ia impor sua tirania à história". E eles formam uma construção histórica, no sentido dado ao termo por Burke (2002, p. 179):

> Há um sentido em que fica difícil negar que os historiadores constroem os objetos estudados, agrupando eventos em movimentos como a "Revolução Científica" ou a "Guerra dos Trinta Anos", que são visíveis somente a partir de uma percepção tardia dos acontecimentos.

Os séculos, segundo Isidoro de Sevilha (*Etimologias*, v. 38, 1), são integrados por gerações e se chamam assim porque se seguem; desaparecidas umas, outras se sucedem. E o conceito de século, tal qual definido por Isidoro, remete ao conceito de duração: o tempo que passa, mas também que dura, com tal conceito remetendo, por sua vez, ao conceito de eternidade: o tempo que não passa, que fica para todo o sempre.

Já para Espinosa (1979, p. 31), a duração é algo distinto da eternidade:

> Antes da criação, não podemos imaginar nenhum tempo ou duração, mas esta começou com as coisas, pois o tempo é a medida da duração, ou melhor, é apenas um modo de pensar e não pressupõe somente alguma coisa criada, mas, sobretudo, homens pensantes. Por sua vez, a duração cessa onde cessam as coisas criadas e começa onde começam as coisas criadas; digo *coisas criadas*, pois nenhuma duração pertence a Deus, mas apenas à eternidade.

E a distinção entre duração e eternidade é um elemento básico para a compreensão do conceito de tempo elaborado por Espinosa.

Segundo Guitton (1966, p. 20), a duração humana se decompõe em dois fatores indissociáveis, porém distintos. Por um lado, os modos de vida, em vez de se concentrarem na unidade, sucedem-se um ao outro no que constitui o tempo e, por outro, os elementos se reúnem e se relacionam na duração. Há, portanto, na duração, movimentos ao mesmo tempo opostos e combinados de relação e síntese. E, mais que pensarmos a duração como um movimento singular, segundo Locke (1999, v. 1, p. 241), ela deve ser pensada em termos de desigualdades, ou seja, de durações desiguais:

> A duração em si mesma deve ser considerada como continuando um curso constante, igual e uniforme; mas não se sabe se o mesmo acontece com algumas das medições que empregamos, nem podemos ter a certeza de que as partes ou períodos que lhes são atribuídos são de igual duração entre si, porque nunca se pode chegar a demonstrar que duas amplitudes sucessivas de duração, qualquer que seja o modo como se meçam, sejam iguais.

A eternidade, por sua vez, é pensada por um autor medieval como Lúlio (2001a, p. 52), em termos de poder divino, que descreve: "Se não existisse eternidade, conviria que tudo aquilo que existe tivesse começo; e se tudo aquilo que existe tivesse começo, seguir-se-ia que o começo seria começo de si mesmo". E acrescenta: "É coisa certa que a eternidade e o poder concordam com o ser, porque se isso que é eterno não tivesse poder de ser eterno, seguir-se-ia que por deficiência de poder, não seria eterno".

Outro autor medieval, Nicolau de Cusa (1988, p. 173), pensa-a em termos de sucessão:

> Se o conceito de relógio é como a própria eternidade, então o movimento do relógio é sucessão. A eternidade complica e

explica, pois, a sucessão. Na verdade, o conceito de relógio, que é a eternidade, complica e explica igualmente todas as coisas.

Mas se a eternidade é sucessão e, portanto, movimento, Deus é o motor imóvel – conceito aristotélico – que gera a sucessão, porém mantém-se imutável e alheio à alteridade, no que Nicolau de Cusa (2002, p. 54) acentua: "Ninguém duvida de que é eterno aquilo que precede toda a alteridade, pois a alteridade é o mesmo que mutabilidade. Mas tudo quanto precede naturalmente a mutabilidade é imutável e, por isso, eterno". E ressalta: "Porém, não pode haver vários eternos. Se houvesse vários eternos, então, visto que a unidade precede toda pluralidade, haveria, por natureza, algo anterior à eternidade; e isso é impossível" (p. 56).

Deus é visto, assim, como um Ser presente e eterno que, por ser eterno, é desprovido de passado e de futuro, por ter sido e porque será o que sempre é, ao contrário dos seres mutáveis, que foram, que serão, mas que, um dia, deixarão de ser.

A eternidade, nessa perspectiva, não é estática, sendo vista, antes, como uma espécie de movimento sem fim. E, aqui, pode ser feito um paralelo entre perspectivas distintas – a medieval e a marxista –, uma vez que um autor marxista como Askin (1969, p. 200) diz: "A eternidade na qualidade de duração infinita, não é devida a uma conservação infinitamente prolongada de coisas e fenômenos em um aspecto invariável, mas à sua mudança, à sua sucessão". E continua:

> A eternidade é o infinito realizado e, ao mesmo tempo, em constante realização, é a formação das inesgotáveis potências criadoras da matéria, é o cumprimento constante da dialética sem fim da passagem da possibilidade à realidade. (p. 211)

Ainda segundo Askin (1978, p. 135), a eternidade é assegurada, por assim dizer, pela capacidade constante do mundo de se modificar e se renovar eternamente, sendo um erro opor a eternidade como uma duração sem movimento ao fluir do tempo. Já Walter Benjamin (2006, p. 159) define a crença no progresso como uma espécie de crença na eternidade, associando-a à representação do eterno retorno:

> A crença no progresso em sua infinita perfectibilidade – uma tarefa infinita da moral –, e a representação do eterno retorno são complementares. São as antinomias indissolúveis pelas quais deve ser desenvolvido o conceito dialético do tempo histórico. Diante disso, a ideia do eterno retorno aparece como o "racionalismo raso", que a crença no progresso tem a má fama de representar, sendo que esta crença pertence à maneira mítica tanto quanto a representação do eterno retorno.

E a eternidade em vida pode ser uma espécie de maldição, no que Rouart (1997, p. 665) acentua em relação ao Judeu Errante:

> Figura trágica como poucas, esse eterno viajante está condenado a vagar sem repouso até o Julgamento Final; nele, a imortalidade sobre a Terra torna-se paradoxalmente a sanção mais terrível que pode atingir um homem, uma vez que o exclui de toda afeição humana e faz com que ele veja tudo à sua volta morrer, desaparecer e renascer.

Tanto Borges quanto Swift, por fim, escreveram narrativas nas quais a vida eterna surge como tal, ou então como um fardo do qual os imortais querem se livrar. Ao chegar na ilha de Luggnagg, Gulliver toma conhecimento dos *struldbrugs*, seres imortais que ali vivem e cujo nascimento e existência são deplorados por todos os habitantes da ilha. Gulliver (SWIFT, 1981, p. 197) os descreve:

Quando completavam 80 anos, idade tida nesse país como o limite máximo da vida, tinham não só toda a insensatez e todas as enfermidades dos outros velhos, senão muitas outras, nascidas da medonha perspectiva de nunca morrer.

E Gulliver (p. 180) conclui: "Toda a gente os odeia e despreza". Já Borges, em um conto intitulado "O imortal", narra a trajetória de um personagem que, na Antiguidade, parte em busca da Cidade dos Imortais e a encontra, tornando-se depois imortal e passando os milênios seguintes buscando se livrar de sua condição. O personagem (BORGES, 1985, p. 11) comenta: "Ser imortal é insignificante; com exceção do homem, todas as criaturas o são, pois ignoram a morte; o divino, o terrível, o incompreensível é saber-se imortal".

A eternidade, em síntese, é atributo de Deus, não do ser humano, e a "divina eternidade" se define nas palavras de Lúlio (2001b, p. 79):

> Eu sou a duração sem fim, do eterno até ao eterno. Ao mesmo tempo verdade do tempo com existência e essência pura, sublime e perfeita, de modo que em mim não é possível nenhum acréscimo, nem há fora de mim coisa alguma que possa obstaculizar minha ação.

E lemos ainda: "Eu sou dignidade singular, bondade grande e suprema, à qual repugna haja coisa exterior que lhe seja igual, de modo que se salve minha singular unidade" (p. 81).

Já na perspectiva pascaliana a eternidade não apenas não é um atributo do ser humano, como é algo que o assombra, em contraste com a insignificância de sua temporalidade, no que Pascal (1984, p. 55) descreve:

> A eternidade das coisas, em si mesma ou em Deus, deve assombrar a nossa ínfima duração. A imobilidade fixa e constante da

natureza, em comparação com a transformação contínua que se verifica em nós, deve causar-nos o mesmo efeito.

O objetivo do espírito, por fim, segundo Alquié (1996, p. 106), é a descoberta do eterno. E todo pensamento religioso, segundo Alquié (p. 123), parece refletir tanto uma exigência espiritual quanto uma necessidade do coração, o que torna difícil definir as fronteiras entre a paixão e o conhecimento e determinar se nosso desejo religioso de eternidade é individual ou espiritual.

3.2 O calendário

O que é fixado em um calendário foge à fugacidade temporal e pode ser celebrado. Portanto, o calendário busca transformar em algo estável o que é efêmero por natureza, organizando o tempo a partir de datas que o normatizam e o regularizam, para que, ao mesmo tempo que o calendário registra a passagem do tempo, ele busca resistir a tal passagem, fixando o que cultural, social, política ou religiosamente merece ser fixado e estabilizado.

O calendário humaniza o tempo, no que Debord (1997, p. 87) ressalta: "A história sempre existiu, mas nem sempre sobre forma histórica. A temporalização do homem, tal como se efetua pela mediação de uma sociedade, é igual a uma humanização do tempo". E o calendário tem como base a enumeração do tempo. Segundo Crump (1990, p. 81), intuitivamente, pelo menos, a existência da sucessão temporal implica a possibilidade de ordem sistemática com uma base numérica. Com isso, temos uma sucessão de eventos, com cada um, pelo menos em princípio, podendo ser assinalado por um número apropriado.

Na definição de Benjamin (1994, p. 233), "os calendários não marcam o tempo do mesmo modo que os relógios". E isso ocorre por serem ambos os tempos simultâneos e distintos. O relógio marca a passagem do tempo como duração contínua baseada em eventos naturais, ao passo que o calendário também toma a natureza como base, fixando, por exemplo, a existência nos anos solares ou lunares, mas, fazendo isso, busca demarcar o que desconhece, distinções na marcação cronométrica. No relógio, afinal, cada hora, minuto ou segundo é absolutamente igual e inteiramente singular, ao passo que, no calendário, diferentes datas (feriados, aniversários, dias sagrados, entre outros) possuem sentidos específicos.

O calendário tem origem no culto das estrelas, a partir da constatação do que seria sua influência sobre o comportamento humano, tendo tal culto origem na Mesopotâmia, mas presente também, por exemplo, entre os maias. E a datação do ano teve inicialmente como base a Lua, sendo o ano lunar médio 11 dias mais curto que o ano solar, o que fez, por exemplo, com que em um calendário lunar como o judaico se fizesse necessária a intercalação de um mês lunar entre fevereiro e março, o que se fazia 7 vezes ao longo de um período de 19 anos.

Tanto Le Goff quanto Ricoeur ressaltam o sentido cultural da construção do calendário. Le Goff (1994, p. 485) diz: "O tempo do calendário é totalmente social, mas submetido aos ritmos do Universo. Deriva de observações e cálculos que dependem também do progresso das ciências e das técnicas". Sua construção foi, portanto, historicamente gradual, com as transformações pelas quais ele passou derivando de um conhecimento mais aprofundado de seu ritmo natural. E Le Goff (p. 12) ainda descreve:

> O calendário revela o esforço realizado pelas sociedades humanas para domesticar o tempo natural, utilizar o movimento

natural da Lua ou do Sol, do ciclo das estações, da alternância do dia e da noite. Porém, suas articulações mais eficazes – a hora e a semana – estão ligadas à cultura e não à natureza.

Já Ricoeur (2007, p. 164) argumenta que "a contribuição do tempo calendárico consiste em uma modalidade propriamente temporal de inscrição, a saber, um sistema de datas extrínsecas aos acontecimentos". Por outro lado, determinados acontecimentos podem conferir sentidos especiais a datas específicas, e podem, a partir da importância extraordinária concedida a uma data, transformá-la em evento fundador do tempo, o que o autor igualmente enfatiza.

Ricoeur (2010, v. 3, p. 181), então, ressalta a existência de um aspecto comum a todos os calendários:

> Um acontecimento fundador, que supostamente inaugura uma nova era (nascimento de Cristo, ou de Buda, Hégira, ascensão de determinado nascimento etc.), determina o momento axial pelo qual todos os acontecimentos podem ser datados.

E o autor (v. 3, p. 390) ainda assinala:

> Para que um acontecimento fundador seja julgado digno de constituir o eixo do tempo do calendário, temos de estar ligados a ele pela corrente de uma tradição-transmissão: esse acontecimento depende então da eficiência de um passado que extrapola a memória individual.

Por fim, relata o sentido ambíguo do tempo definido pelo calendário:

> O tempo do calendário é a primeira ponte estendida pela prática histórica entre o tempo vivido e o tempo cósmico. Constitui uma criação que não depende exclusivamente de nenhuma das duas perspectivas sobre o tempo: embora participe de ambas, *sua instituição constitui a invenção de um terceiro tempo.* (v. 3, p. 177)

E a dimensão sagrada deste processo é enfatizada por Eliade (1998, p. 315), que descreve:

> Não é porque um calendário não tem como modelo o tempo astronômico que o tempo sagrado deve organizar-se sempre independentemente dos ritmos cósmicos. O que se passa é que esses ritmos são valorizados apenas na medida em que são hierofanias e que essa hierofanização os liberta do tempo astronômico que lhes serviu, por assim dizer, de matriz.

O tempo, segundo Isidoro de Sevilha (*Etimologias*, v. 29, 1), divide-se em momento, horas, dias, meses, anos, lustros, séculos e idades. E essa em linhas gerais é, afinal, a datação ainda utilizada para a estruturação do calendário histórico. Nesse processo de estruturação, as datas possuem um sentido e um objetivo sintetizados por Bosi (1996, p. 19):

> Datas são pontos de luz sem os quais a densidade acumulada dos eventos pelos séculos dos séculos causaria um tal negrume que seria impossível sequer vislumbrar no opaco dos tempos os vultos das personagens e as órbitas desenhadas pelas suas ações.

Se a divisão do tempo histórico segue ainda as diretrizes descritas por Isidoro de Sevilha, a datação do tempo passou, por sua vez, por uma série de reformas que trouxeram evidentes progressos em termos de exatidão, embora tenham, também, obedecido a determinantes políticas, religiosas e culturais.

Em dezembro de 1882, a Conferência Internacional do Meridiano, reunida em Washington, decidiu a passagem do meridiano como a origem do mundo pelo Observatório de Greenwich, sendo que tal meridiano seria comum para o tempo e a longitude. Surgia o Tempo Universal, conhecido como GMT e mais tarde substituído por uma hora mundial calculada a partir de aproximadamente 80 relógios atômicos instalados em 24 países, e coordenada pelo Bureau International de l'Heure (BIH). Mas, antes que isso acontecesse, diversas transformações no processo de datação já haviam ocorrido e, para compreendê-las, é preciso retornar ao início do processo.

Na formação do calendário egípcio já fica nítida a confluência entre fatores naturais, sociais e religiosos que definiriam historicamente a datação do tempo. Afinal, os meses egípcios formavam três estações e, com isso, adaptavam-se perfeitamente às características climáticas da nação que os produziu, sendo cada mês dividido em três dezenas e sendo, ainda, que o primeiro dia era dedicado à memória dos mortos. Com isso, um componente religioso era adicionado a uma composição temporal baseada em fatores naturais.

Canhão (2006, p. 43) acentua em relação ao Egito: "Aparentemente utilizavam dois calendários: um baseado no percurso solar e nas fases da Lua, o calendário civil ou móvel, e outro na elevação helíaca de Sírio, o calendário zodíaco, ou fixo". E acrescenta:

> O calendário egípcio era, claramente, de natureza decanal, tendo como elemento dominante e central das representações astronômicas a estrela Sírio, em volta da qual se organizava e assentava o ano civil, desde sempre o ano mais usual, em um sistema que incluía métodos naturais de autorregulação dos ciclos astronômicos. (p. 59)

E a dualidade de calendários expressa e sublinha tal ambiguidade.

Também o calendário hindu tinha como fundamento os movimentos do Sol e da Lua, mantendo a dualidade igualmente presente no Egito, no que Thomaz (2006, p. 198) assinala:

> As festas religiosas da Índia são geralmente reguladas pelo calendário lunissolar, em que o ano tem 12 meses

alternadamente de 29 e 30 dias, intercalando-se periodicamente, ao longo do ciclo metônico de 19 anos, um mês suplementar para restabelecer a concordância do ano religioso com o ano solar.

E tal dualidade por fim encontra-se igualmente presente na China, no que Mauss (1981, p. 445) relata em relação ao calendário chinês:

> Constituíram dois ciclos, um de 12 divisões e outro de 10; cada uma destas divisões tem seu nome e seu caráter próprio, e assim cada momento do tempo é representado por um binômio de caracteres, tomados dos dias e ciclos diferentes. Esses dois ciclos empregam-se concomitantemente tanto para os anos quanto para os dias, os meses e as horas, e chega-se assim a uma mensuração bastante exata.

E na China, repetindo um processo de datação igualmente registrado no Egito, a datação do tempo histórico se dava a partir da sucessão de dinastias. Assim, cada dinastia chinesa, segundo Granet (1959, p. 68), proclamava seu advento promulgando o calendário destinado a particularizar seu período de dominação. E as eras dinásticas, diz Granet (p. 70), estavam assinaladas com os mesmos emblemas que caracterizavam as estações.

Entre os povos astecas e mesoamericanos, por fim, a mesma dualidade se manteve, no que Alvim (2005, p. 41) afirma:

> A utilização do calendário de dois ciclos foi uma das bases culturais de todos os povos que habitaram a Mesoamérica, mas esse sistema não torna homogênea ou generalizante a cultura dessas sociedades, já que existiam diferenças entre os calendários, ou seja, variações de acordo com as regiões e onde o sistema era criado e aplicado.

Já Santos (2002, p. 83), por outro lado, salienta:

> Vale notar que os dois ciclos se integravam perfeitamente, formando um só sistema: a repetição da combinação entre ambos se dava justamente a cada 52 anos sazonais ou 73 ciclos de 260 dias, pois nos dois casos temos 18.980 dias.

O calendário Maia, segundo Edmonson (1976, p. 712), assenta em três formas distintas de datação: o *tzolkin*, de 260 dias; o *tun*, de 360 dias e o *hab*, de 365 dias. Santos (2002, p. 80) ainda ressalta em relação ao calendário mesoamericano:

> A base do sistema de calendário era um conjunto de 20 signos, chamados de *tonal*, que se combinavam com 13 números. Os signos do *tonal* envolviam animais, plantas, artefatos humanos, fenômenos naturais e conceitos abstratos.

Os fundamentos do calendário Maia, contudo, não devendo se deixar de lado a considerável precisão astronômica por eles obtida em relação à datação do tempo – os maias, afinal, eram excelentes astrônomos e construíram observatórios relativamente sofisticados –, eram religiosos, e mesmo as pesquisas astronômicas efetuadas não podem ter seu significado compreendido se as dissociarmos de sua dimensão sagrada.

Cada dia do calendário Maia era divino e relacionado a um deus específico, sendo que, no ano religioso Maia, de 13 meses de 20 dias, o Deus Treze, que era um número sagrado, era o deus do tempo. Todas as datas, portanto, possuíam um sentido sagrado e especificar com a maior exatidão possível o decorrer do tempo era o meio de celebrar corretamente cada uma dessas datas.

Entre os povos mesoamericanos, o tonalpohualli era o calendário ritual que orientava os eventos religiosos, sendo consultados nos tonalamatls, ou "livros de dias", quando questões familiares, políticas ou religiosas precisavam ser resolvidas. E a criação do calendário entre os astecas, segundo Fehrenbach (1995, p. 24), deu-se por ordem de sacerdotes e deu a estes enorme poder, criando e mantendo a especialização e diferenciação social.

Também os babilônicos deram grande importância às pesquisas astronômicas, criando a partir delas a astrologia, ou seja, dando a elas, como os maias igualmente o fizeram, um sentido eminentemente religioso. Os babilônicos estabeleceram um calendário lunar no qual o início do mês coincidia com a nova visibilidade da Lua crescente, após o pôr do sol. E também os judeus, influenciados pelos povos do Eufrates, adotaram o calendário lunar, o que fez com que seu mês começasse igualmente a partir do surgimento da Lua crescente.

Eles, contudo, não se limitaram a copiar os conceitos e datações mesopotâmicos, de forma que, para a correção do calendário lunar, os judeus intercalaram um mês a cada três anos. E a importância por eles conferida à datação do tempo fica clara quando lemos em 1 Reis (4, 7): "E tinha Salomão 12 provedores sobre todo o Israel, que proviam ao rei e à sua casa, e cada um tinha a prover um mês no ano".

Assim como os mesopotâmicos e os judeus o fizeram, os gregos mensuravam o calendário de seu ano civil pela Lua e de seu calendário agrícola pelas estrelas, sendo que, na Grécia, o ciclo lunar servia como base para as festividades realizadas nas cidades-estado e para os calendários. Com isso, Aristófanes (*Os cavaleiros*, 45), por exemplo, acentua: "Pois nosso homem comprou, na Lua nova passada, um escravo, um paflagônio, curtidor de profissão, a fajardice em pessoa, a linguinha Maia mais afiada que já se viu". Isso porque o mercado tinha vez em dia de Lua nova, que era definido como o primeiro dia do mês. Nogueira (2006, p. 108) descreve em relação ao calendário grego:

> Os dias da semana eram contados por números de um a sete, aproximando-se da duração de cada fase da Lua. No entanto, não há registro de tentativas de acerto destas unidades de tempo com a realidade astronômica, podendo-se, então, acreditar que existiam pela vantagem de identificação cronológica.

Em comum com as demais civilizações da Antiguidade temos, igualmente, a adoção de dois calendários, sendo que, na civilização grega, tal diversidade foi ainda mais ampla. Afinal, as cidades gregas possuíam cada uma o seu calendário, e ainda, uma mesma cidade poderia, eventualmente, possuir dois calendários, sendo um para as festas religiosas e outro para as atividades políticas. Por isso, Tucídides marcava o tempo a partir da sucessão das estações, evitando assim a diversidade de calendários adotados pelos gregos e dando à sua obra um marco temporal de maior nitidez.

Nos primórdios da civilização grega predominou a datação dinástica do tempo, a exemplo do que já acontecera entre os chineses e os gregos. Desse modo, lemos em Homero (*Ilíada*, I, 250-252): "Gerações duas de seres de curta existência já vira desaparecer que com ele nasceram no solo arenoso da sacra Pilo; qual rei, na terceira, ora o mando exerça".

Roma herdou, inicialmente, o calendário lunissolar utilizado na Antiguidade, mas as reformas criadas por Júlio César levaram ao seu abandono e criaram, em larga medida, o calendário anual ainda hoje utilizado. Na descrição de Carcopino (1974, p. 605), desdenhando o compromisso do ano lunissolar, César uniformizou os anos romanos conforme o lapso do tempo, exclusivamente "solar", arredondando-o em 365 dias. E Leroi--Gourhan (1985, p. 126) acentua em relação às mudanças efetuadas: "Os esforços desenvolvidos para assegurar a regularidade do sistema calendário são inseparáveis dos progressos verificados no domínio do cálculo e das quantidades".

A marcação do tempo adotada em Roma antes do calendário juliano partia de dias situados no início do mês, no quinto ou sétimo dia, e na metade do mês; respectivamente as calendas, as nonas e os idos. Assim, Elio Spartiano (*A vida de Adriano*, II) situa o nascimento de Adriano no dia oito das calendas de fevereiro. E, segundo Aulo Gélio (*Noites áticas*, II, 37), o quarto dia antes das calendas era evitado pelas pessoas como um dia infausto, sendo a justificativa dada pelo autor o fato de o "vastíssimo desastre da Batalha de Canas" ter ocorrido neste dia.

Nesse sentido, a reforma feita por Júlio César pode ser definida também como um ato de secularização do tempo, uma vez que abandonava o sentido premonitório até então conferido às datas, substituindo-o por um calendário que levasse em conta apenas a exatidão astronômica do tempo e não mais seu sentido astrológico.

Como ocorre comumente com essas reformas, havia, por sua vez, a preocupação em celebrar as festas religiosas em suas datas corretas. Afinal, os fastos, como ressalta Mommsen (1965, v. 2, p. 1107), haviam se adiantado ao tempo verdadeiro em 67 dias, de forma que, por exemplo, a festa da flora, que caía em 28 de abril, estava marcada para 11 de julho. Mas o sentido religioso não foi o mais importante da reforma, devendo ser levada em consideração, antes de tudo, sua dimensão política.

Duncan (1993, p. 65) relata:

> Mais do que um simples ajuste na forma como os dias eram contados, esta reforma era um símbolo poderoso não apenas da reencontrada autoridade de Júlio César, mas também de um império que acreditava ter o poder para reordenar o tempo.

Mas, tal demonstração de poder terminou por gerar ciúmes e rivalidades históricas. Dessa forma, o calendário criado por César alternava meses de 30 e 31 dias, com a exceção de fevereiro que tinha 29 dias, normalmente, e 30 dias em anos bissextos. Entretanto, para que o mês consagrado a Augusto, que tinha 30 dias, não ficasse menos que o mês consagrado a Júlio, que tinha 31, um dia foi subtraído a fevereiro e acrescentado a agosto.

César chamou o ano de 46 a.c. de "último ano de confusão", uma vez que este ano foi prolongado por ele com o objetivo de dar fim ao caos no qual mergulhara o calendário romano. Foi um ano de 445 dias e ficou conhecido como "o ano da confusão" sendo que, a partir dele, o calendário lunar foi abolido e a passagem do tempo passou a ter o Sol como única referência. A partir dele, igualmente, surgiu o dia bissexto de 4 em 4 anos e o ano foi fixado em 365 dias e ¼, sendo que fevereiro teria 29 dias, ganhando um dia adicional no ano bissexto. As bases do calendário contemporâneo, em síntese, estavam estabelecidas.

Suetônio (*Os doze césares: livro primeiro*, XL), por fim, descreve a reforma promovida por Júlio César:

> Regulando o ano pelo curso do Sol, decidiu-se que haveria 355 dias, que o mês intercalar seria suprimido e que apenas se intercalaria um dia de quatro em quatro anos. E, para que, de futuro, a ordem dos tempos coincidisse com as calendas de janeiro,

colocou-se entre novembro e dezembro dois novos meses; assim, o ano em que procedeu a tais reformas teve 15 meses, compreendendo o mês intercalar que lhe cabia de acordo com o antigo uso.

E relata as alterações introduzidas por Augusto:

> Restabeleceu, no calendário, a ordem que o divino Júlio nele introduzira, e que se achava subvertida graças à negligência dos pontífices; aproveitou a ocasião para dar seu próprio nome ao mês de *Sextilus*, e não ao de setembro, mês em que nascera, porque em *Sextilis* obtivera seu primeiro consulado e suas grandes vitórias. (*Livro segundo*, XXXI)

Já os muçulmanos mantiveram a tradição lunar herdada da Antiguidade, uma vez que o Islã aceitou a existência de um calendário estritamente lunar, composto por 12 meses de 28 dias, cada mês contando com quatro semanas, cada semana contando com sete dias e cada dia tendo seu início marcado a partir do crepúsculo. E é importante lembrar, ainda, ter o próprio Maomé ressaltado a necessidade de o ano muçulmano permanecer exclusivamente lunar, como uma forma de diferenciá-lo dos calendários judeu e cristão. Os fundamentos de tal escolha foram, portanto, essencialmente religiosos.

A partir dessa escolha, o calendário muçulmano passou a constar de 12 meses lunares sinópticos, sendo que, segundo Almeida (2005, p. 101), "o ano sinóptico consta de 354 dias, 8 horas, 8 minutos, 36 segundos: essa duração pode repartir-se em 6 meses de 30 dias alternados com 6 meses de 29".

A preocupação com a medição exata do tempo, patente em Roma, desapareceu no seio da população medieval, embora tenha sido preservada nos mosteiros. Febvre (2009, p. 339) menciona, em relação ao século XVI, os hábitos de uma sociedade de camponeses, que aceitam nunca saber a hora exata, a não ser quando o sino toca (supondo-se que seja pontual) e que, quanto ao resto, confiam nas plantas, nos animais, no voo de tal pássaro ou no canto de tal outro.

E esses foram os hábitos vigentes ao longo de todo o período medieval.

Como já havia acontecido durante o Império Romano, foi a necessidade de situar corretamente as datas religiosas, principalmente a Páscoa, que levou a Igreja a criar as chamadas reformas gregorianas. A Páscoa vincula-se ao calendário judaico, embora faça questão de diferenciar-se dele, ao passo que o Natal tem suas raízes no calendário juliano, absorvendo, ainda, evidentes influências mitraístas, com a festa de *Corpus Christi* na quinta-feira que se segue ao domingo da Trindade, que corresponde ao oitavo domingo depois da Páscoa. Sua definição exata era crucial, portanto, para a datação de todo um conjunto de celebrações.

Algumas consequências de caráter estritamente secular adviram, contudo, desse processo. Ariès (1989, p. 108) define a Páscoa como a "última sobrevivência do calendário na grande queda dos valores positivos de civilização, do sexto ao oitavo século". E, segundo esse mesmo autor (p. 107), "a necessidade litúrgica de fixar com exatidão a data da Páscoa preservou algumas técnicas de cômputo astronômico, que de outra maneira teriam desaparecido". Determinados avanços técnicos tiveram origem, portanto, em uma preocupação de cunho essencialmente religioso.

A reforma gregoriana, estabelecida em 1582, designou que o dia seguinte a 4 de outubro se transformasse no dia 15 de outubro, definindo, ainda, que o ano começaria em 1º de janeiro. Le Goff (2005, p. 133) diz:

A Idade Média, até o Concílio de Trento e o calendário gregoriano no século XVI, não para de trabalhar sobre o calendário, sob a conduta da Igreja. Resulta disso uma remodelação completa da maneira de organizar e viver o tempo.

A reforma gregoriana, devido à extensão de suas propostas e a alterações como a supressão de 11 dias do mês de outubro do ano no qual foi implantada, gerou resistências mais ou menos fortes tanto entre os católicos quanto entre os protestantes, ocasionando que sua universalização, que afinal se deu, demorasse alguns séculos para se concretizar. Com isso, a reforma gregoriana foi adotada na Alemanha e na Dinamarca em 1700, e na Suécia apenas em 1753. E, quando a reforma gregoriana foi introduzida na Inglaterra, em 1752, foram subtraídos 11 dias do ano para eliminar a discrepância gerada pela manutenção do calendário juliano.

Gregório XIII, o Papa responsável pela reforma, esteve longe, contudo, de ser um modernizador ou mesmo um conciliador em tempo de guerra religiosa. Pelo contrário, ele estabeleceu um amplo índex de livros proibidos e comemorou efusivamente o massacre de São Bartolomeu. Mas o que ficou para a história foi a transformação estrutural por ele introduzida na definição do calendário.

A reforma gregoriana coincidiu com a popularização do uso dos calendários a partir do surgimento da imprensa, ao permitir sua impressão e distribuição para a população. Assim, em relação a determinados livros impressos que circulavam nas aldeias francesas do século XVI, assinala Davis (1990, p. 164):

> O *Calendário do pastor* mostrava em que signo estava a Lua e suas fases, as datas das festas fixas e das festas móveis e a época dos eclipses solares e lunares. As informações mais importantes

sobre o ano no qual o calendário era editado eram ilustradas para ajudar os semianalfabetos. *Para utilização completa das várias tabelas, uma capacidade real de leitura era necessária.*

E Carolino (2003, p. 199) os define:

> Os almanaques astrológicos, também designados genericamente de Prognósticos e Lunários dos tempos, eram pequenas publicações anuais que, entre outras informações de natureza utilitária, propunham uma previsão astrológica para o ano a que se reportavam.

A consolidação do calendário se deu, portanto, igualmente por meio de sua popularização.

3.3 O relógio

O antecessor dos relógios de Sol foi o gnômon, que era um instrumento utilizado na Antiguidade para medir a altura do Sol a partir da sombra de um ponteiro, sendo conhecido no Egito, na China e na América Central. Também obeliscos eram utilizados a partir de 3500 a.c., funcionado, tal qual os gnômons, como relógios de Sol primitivos. E o relógio de Sol, que surgira em 3000 a.c., fora apresentado na Judeia apenas em 600 a.c.

Também as clepsidras eram conhecidas na Antiguidade. Foram os primeiros instrumentos mecânicos utilizados para a marcação do tempo, funcionando como relógios d'água, havendo um recipiente superior, no qual a água era colocada e um recipiente inferior que possuía uma escala graduada e se encontrava inicialmente vazio. A água descia de um recipiente para outro e o tempo era medido a partir da escala que media sua passagem.

A clepsidra foi inventada provavelmente no Egito em 1500 a.C., passando a ser utilizada na Grécia em 430 a.C. Em 158 a.c. foi construída em Atenas a Torre dos Ventos, que consistia em uma estrutura de madeira octogonal que possuía diversos quadrantes e uma clepsidra. E ela foi levada para Roma em 157 a.c. Clepsidra vem de *kleptos*, "ladrão" e *hydra*, "água", sendo esse tipo de relógio aperfeiçoado pelo grego Ctesibius em 270 a.c., com o desenvolvimento de um sistema que utilizava vasos comunicantes, com o objetivo de evitar que a variação do recipiente superior provocasse alterações do nível na vazão.

Os primeiros relógios de areia, ou ampulhetas, foram construídos em Roma, no século III d.C. Mas em Roma, a julgar pelas palavras de Sêneca (*Apocoloquintose do divino Cláudio*, II, 2), os relógios eram de uma imprecisão notável: "Talvez compreender-se-á melhor se eu disser assim: o mês era de outubro, o dia, 13. Não sei a hora exata: é mais fácil pôr de acordo os filósofos do que o relógio". Mas os tribunais romanos, por outro lado, já utilizavam clepsidras para medir a duração das sessões, o que demonstra preocupação com o decorrer exato do tempo. E Júlio César (*Comentários sobre a Guerra Gálica*, v. 13), por fim, comenta a respeito da Britânia:

> Consta haver outras ilhas menores, aonde escrevem alguns autores serem noite no inverno 30 dias contínuos. Em nossas indagações nada encontramos a tal respeito; e só verificamos com certos relógios d'água serem as noites mais breves que no continente.

Tal preocupação se transforma, nesse trecho, em interesse de conhecer as medições e instrumentos de medição adotados por outros povos.

As primeiras descrições em árabe de relógios d'água, segundo Hill e al-Hassan (1986, p. 59), surgiram no século VII, embora, entre os árabes, sua função fosse mais decorativa que útil, ou seja, a medição do tempo propriamente terminava em segundo plano. Em uma clepsidra doada por Harun al-Rashid, califa de Bagdá, a Carlos Magno, em 801, uma quantidade de água correspondente à hora a ser marcada caía sobre uma sineta, marcando sonoramente a passagem do tempo, sendo importante lembrar que os primeiros relógios mecânicos faziam o tempo soar, em vez de mostrá-lo. E de 12 em 12 horas 12 pequenas janelas eram abertas, saindo de cada uma a efígie de um cavaleiro. No caso, a importância dada ao caráter decorativo do instrumento se torna evidente.

A Europa, até o século XIII, utilizava apenas clepsidras, com a marcação do tempo no período medieval tendo sido caracterizada pela falta de precisão no que diz respeito a horários. Afinal, como ressalta Vernet (1993, p. 150), era frequente um erro de 45 minutos em 24 horas nas clepsidras medievais; Rossi (1989, p. 43) também acentua em relação aos relógios mecânicos do século XIII:

> Mas sua pouca precisão – nitidamente inferior à dos relógios de água da Antiguidade – mostra-se insuficiente até mesmo no âmbito da civilização medieval, em que é bastante vivo o típico hábito de nunca se preocupar demais com o conhecimento da hora exata.

No século XIV, nos países nórdicos, como alternativa aos relógios d'água que congelavam no inverno, surgiram os relógios de areia.

Dante já faz uma menção ao relógio (*Divina comédia:* Paraíso; 24, 5):

Em relógio quem põe atenta a mente,
das rodas uma cuida estar sem moto
e correndo estar outra velozmente.

E, por outro lado, diferentes setores da sociedade medieval contribuíram para o desenvolvimento dos relógios mecânicos. Assim, seu surgimento está indissociavelmente ligado aos mosteiros, cujas atividades demandavam uma pontualidade ligada ao rigor monástico. Mas também os ferreiros, por exemplo, desempenharam um papel de grande importância na invenção do mecanismo.

Em 1292 é construído o relógio da catedral de Canterbury e em 1352 é construído o relógio da catedral de Strasbourg. Mas, é importante salientar, os primeiros relógios mecânicos construídos no período eram instalados em espaços públicos, e não necessariamente em igrejas.

Para compreender os sentidos do desenvolvimento dos relógios no Ocidente é útil, ainda, contrastá-lo com a recepção e o uso dos relógios mecânicos na China. Os relógios ali introduzidos, segundo Mooij (2005, p. 109), eram utilizados principalmente como curiosidades, brinquedos e itens para colecionadores, não exercendo maior influência social. Já Landes (1998, p. 378), ressalta em relação à chegada dos relógios ocidentais à China: "Para os mandarins quinhentistas da China, o relógio mecânico chegou como uma máquina maravilhosa que não só marcava o tempo, mas também divertia e servia de entretenimento". E destaca: "A China imperial pré-moderna não concebia o conhecimento do tempo como um direito. O tempo pertencia às autoridades, que faziam soar (proclamavam) a hora, e um relógio pessoal era um raro privilégio" (p. 380).

Na Europa, o relógio, assim como o próprio tempo, ganhou um sentido progressivamente utilitário. Segundo Balandier (1988, p. 49), o relógio, cujos exemplares se multiplicam ao longo do século XV, aparecem como um objeto ao mesmo tempo científico e maravilhoso. Mais, contudo, que um objeto científico ou maravilhoso, ele é visto como o medidor de um tempo que precisa ser cada vez mais mensurado para ser cada vez mais produtivo.

Os primeiros relógios domésticos surgiram na Itália em 1380, e em 1500 surgiu, em Nuremberg, o primeiro relógio portátil, cuja produção e uso se generalizaram no século XVII. E Delumeau (1994, v. 1, p. 175) descreve:

> Os relógios mecânicos surgiram na Europa no século XIV, em uma região "primitiva" que englobava a Inglaterra, os Países Baixos, a Alemanha Central e Meridional, a Boêmia, a França e a Itália Setentrional e Central.

O relógio mecânico passou por aperfeiçoamentos sucessivos ao longo do século XV e o início do século presenciou, por exemplo, a progressiva substituição de pesos por molas, o que tornou o mecanismo menor e mais leve, abrindo caminho para o relógio manual, de bolso, primeiro, e de pulso, depois. No século XVI, novos aperfeiçoamentos seriam introduzidos. Coube a Galileu o estudo pioneiro da regularidade do movimento pendular, no qual Elias (1998, p. 85) acentua:

> O uso de relógios com o objetivo de medir puros processos físicos só teve início com Galileu, e podemos até dizer que foi introduzido por ele. Em outras palavras, o tempo físico representa uma ramificação relativamente tardia do tempo social.

Em 1650, Christiaan Huygens planejou a aplicação do pêndulo nos relógios, sendo que o primeiro relógio de pêndulo seria construído sete anos depois; ainda, a aplicação do pêndulo nos relógios fez reduzir o erro diário de 15 minutos para cerca de 10 segundos. E mais, as menções aos relógios se tornaram comuns, de forma que lemos, por exemplo, em Shakespeare (*Henrique IV*, 2. Parte, II, III): "Ouvimos os carrilhões da meia-noite, mestre Shallow".

Se no campo o tempo era determinado pelo contato do ser humano com a natureza, na cidade ele obedece a necessidades artificiais, ou seja, desvinculado de fenômenos naturais, o que tornou necessário um escalonamento ao mesmo tempo mais preciso e mais distante do ciclo natural. A expansão e popularização do uso do relógio são explicadas a partir deste processo, e é explicado, igualmente, o fato de a fabricação de relógios ter tido início em Genebra, em 1587.

Os primeiros relógios ainda desconheciam o ponteiro de minutos, que passaria a ser utilizado apenas em 1870. Mas, em 1540, Juliano Torriano, um artífice italiano, recebia do imperador Carlos V da Espanha uma encomenda para fazer um relógio planetário capaz de mostrar os movimentos celestes, tendo ele demorado 20 anos para construí-lo, o que demonstra como a medição mecânica do tempo poderia ganhar sentidos diferentes. E o processo de construção de relógios, bem como o desenvolvimento de todo um *know-how* referente ao processo, teve um impacto tecnológico abrangente, cuja dimensão Landes (1998, p. 53) assinala:

> Em todas as etapas, os relojoeiros lideraram o caminho para a exatidão e a precisão: mestres da miniaturização, detectores e corretores de erros, exploradores do novo e do melhor.

Continuam a ser os pioneiros da engenharia mecânica – exemplos e mestres para outros ramos.

Qual foi, ainda, o impacto decorrente da popularização e sofisticação dos relógios mecânicos em termos de percepção do tempo? O tempo, que até então era marcado de modo irregular e sazonal, passou a ser mensurado de forma uniforme e contínua. Com isso, ele passou a ser visto progressivamente como uma categoria neutra, homogênea e contínua e sua datação passou a seguir mais o ritmo da produção, deixando em segundo plano datações lúdicas e vinculadas a outros critérios que não fossem seu transcorrer em termos de dias, horas e minutos. No século XVI, segundo Andrés-Gallego (1993, p. 234),

> entre os filósofos e teóricos políticos se professava e declarava uma adiantadíssima fé no progresso contínuo: a saber, que o uso das horas era, em si, positivo, ainda que algumas ações humanas e sucessos naturais fossem em si perversos.

E referindo-se às navegações portuguesas, Godinho (1991, v. 1, p. 29) acentua: "O Tempo: como para o Espaço, é a passagem do plano mítico para o da posição – neste caso a data – e da medida".

Temos, portanto, o reconhecimento da importância do processo de mensuração para o progresso da sociedade e o reconhecimento de uma dimensão crucial dessa mensuração, que é a transposição do tempo da esfera mítica para a esfera secular: o reconhecimento da secularização do tempo.

A secularização, quando bem-sucedida, representa o esvaziamento do tempo sagrado e a perda de sentido dos mitos, acontecimentos e rituais a ele associados. O tempo, com isso, torna-se irreversível e todos os acontecimentos históricos passam a ser percebidos apenas a partir de sua dimensão temporal, perdendo qualquer possibilidade de transcendê-la. Ela é, ainda, um fator crucial das revoluções contemporâneas, no que Hannah Arendt (1990, p. 21) acentua: "A secularização, a separação da religião da política e o surgimento de um reino secular, com sua dignidade própria, são certamente um fator crucial no fenômeno da revolução".

E, a partir do processo de secularização, o uso do tempo é avaliado essencialmente a partir de sua produtividade. Octavio Paz (1976, p. 45) relata, em relação ao México:

> Nosso calendário está cheio de feriados. [...] Mas não são suficientes os feriados que a Igreja e a República oferecem a todo o país. A vida de cada cidade e de cada povoado é regida por um santo, que é festejado com devoção e regularidade. (p. 46)

Essa é uma temporalidade avessa, contudo, ao predomínio do tempo secularizado, que vê nessa proliferação de feriados apenas um entrave ao uso produtivo e racional, embora a secularização do tempo nunca seja, entretanto, um processo que se dê de forma absoluta, no que Domingues (1996, p. 63) relata:

> Com certeza o homem moderno também tem suas formas de evasão e busca escapar do efêmero e da pressão da história. Não tendo mais transcendência, o absoluto deve ser instalado no tempo, não fora do tempo.

A mensuração do fluxo do tempo não deixou, afinal, de conferir a ele uma nova simbologia. A ampulheta simboliza a passagem do tempo; seu escoamento em direção à morte e ao declínio inexorável, a partir da passagem da areia de cima para baixo, e Peters (1997, p. 147) acentua, por exemplo, como o relógio era visto pelos poetas barrocos italianos: "O relógio torna-se o ponto de perspectiva que transforma o fluxo do tempo rigidamente controlado no ganancioso e destrutivo inimigo do homem". E reforça:

> O relógio, perpétuo lembrete da numeração fatal dos dias humanos, torna-se um espelho (mecânico cristal), ou redoma de cristal, a partir do qual os homens podem imaginar seus próprios caixões e no qual os dias se tornam pequenas gotas de tempo.

E tal processo, por sua vez, esteve longe de ser homogêneo em termos geográficos e históricos, com algumas variações mais sensíveis podendo ser assinaladas. Em Portugal no século XVI, por exemplo, segundo Curto (2009, p. 72), "dificilmente se poderá deduzir uma preocupação generalizada pelos relógios; melhor será falar da sua difusão circunscrita, porventura mais acentuada em uma grande cidade como Lisboa". Da mesma forma, Duncan (1993, p. 295) enfatiza:

> O impacto do relógio foi sentido no início em apenas algumas cidades, e apenas por aquelas pessoas que viviam suficientemente próximas da torre do relógio para poder observá-lo e ouvir seus repiques a cada hora, e mais tarde a cada meia hora ou quarto de hora.

E a substituição dos sinos das igrejas pelos relógios, como salienta Febvre (2009, p. 298) em relação ao século XVI, esteve longe de se dar em um curto prazo:

> Não são ainda os relógios portáteis, tão raros, não são nem mesmo os relógios civis que decompõem a duração em intervalos regulares; são os repiques das igrejas, anunciando da manhã à noite, em horas conhecidas, a sucessão das preces e dos ofícios.

Por fim, Landes (1998, p. 196) ressalta os condicionantes religiosos e geográficos deste processo:

> Mesmo em áreas católicas, como a França e a Baviera, a maioria dos relojoeiros era protestante; e o uso desses instrumentos de medição do tempo e/ou a difusão para as áreas rurais estavam muito mais avançados na Grã-Bretanha e na Holanda do que em países católicos.

No início do século XVIII, a Inglaterra era a principal produtora e consumidora de relógios, fabricando-os tanto sofisticados quanto simples e buscando, assim, criar e atender a uma demanda que abarcasse todas as classes sociais. E, no final do século XVIII, a Inglaterra produzia anualmente 200.000 relógios, o que equivalia à metade da produção mundial. Mas há contradições neste processo, que esteve longe de ser linear. Afinal, a sociedade inglesa de meados do século XVIII foi, na definição de Poole (1995, p. 94), uma sociedade mais do almanaque que do relógio.

E outras contradições podem ainda ser mencionadas. Assim, no século XVIII, tivemos a invenção do cronômetro marinho, de importância decisiva para a história das navegações. Por outro lado, os relógios foram transformados em obras de arte nos séculos XVII e XVIII, os palácios e ricas residências da Europa ostentavam ricos relógios de parede, de coluna e de mesa, que além de marcar as horas, serviam como objetos decorativos. Ao lado de inovações técnicas de importância crucial tivemos, portanto, a valorização do relógio em termos estéticos e de obtenção de *status*.

Mas, em que pese tais variantes, a adoção do relógio generalizou-se e seu impacto foi crucial. McLuhan (1974, p. 168) ressalta o impacto psicológico da consolidação do relógio: "Dessa divisão do tempo em unidades visualizáveis e uniformes vem nosso sentido de duração e nossa impaciência, quando não podemos suportar a delonga entre os acontecimentos". Destaca ainda seu impacto orgânico: "Não apenas trabalhar, mas também comer e dormir, acabaram por se acomodar mais ao relógio do que às necessidades orgânicas" (p. 69). E acentua: "O relógio arrancou o homem do mundo dos ritmos sazonais e recorrentes, assim como o alfabeto o havia desprendido da ressonância mágica da palavra falada e da armadilha tribal" (p. 179).

Duas características fundamentais do uso de relógios na Modernidade, que o diferenciam do uso adotado em outros períodos históricos, são sua individualização e a necessidade de uma precisão cada vez maior e, em alguns setores, absoluta. Cada vez mais as pessoas passaram a usar relógios individuais, o que colocou os relógios públicos em um plano progressivamente secundário e cada vez mais decorativo.

Whitrow (1993, p. 187) diz: "Uma das consequências da Primeira Guerra Mundial foi a generalização do uso dos relógios de pulso. Antes de se tornarem equipamento militar padrão, eram considerados efeminados por muitos homens". E o relógio de pulso só foi criado e patenteado no século XX. O inglês John Harwood registrou a invenção em 1924 e logo o novo modelo superou o relógio de bolso. Com ele, o ato de olhar as horas, que era um ato comunitário, transformou-se, basicamente, em um ato individual.

Já a necessidade de precisão na marcação do tempo começou a fazer parte do cotidiano de cada um, que passou a ser cronometrado em termos de horas e minutos, o que nunca havia ocorrido antes, embora tal necessidade varie de uma profissão para outra e de um setor para outro da sociedade contemporânea, sendo mais premente, por exemplo, na produção de notícias.

E é possível, ainda, ressaltar a existência de uma temporalidade especificamente capitalista, na qual todo o decorrer do tempo e mesmo o tempo de lazer é mensurado em termos de produtividade, sendo útil e justificando sua existência quando vinculado à obtenção de lucros.

A transformação do tempo com o advento do capitalismo foi, em linhas gerais, uma transformação tecnológica, e a invenção e aperfeiçoamento do relógio mecânico foi, como nenhuma outra, a invenção que se situa no limiar do capitalismo e permitiu sua expansão. Não seria possível, afinal, o estabelecimento de relações de trabalho e produção capitalistas em uma sociedade na qual a mensuração precisa do tempo a ser despendido nessas relações não fosse tecnologicamente possível.

Há maneiras de conceber e datar o tempo que são nitidamente alheias à lógica do capitalismo. Por exemplo, no Soneto X de Shakespeare (1981, p. 467), o tempo marcado pelo relógio não é associado ainda à produtividade, mas, pelo contrário, ao declínio inexorável. Lemos, então:

> Quando a hora dobra em triste e tardo toque
> e em noite horrenda vejo escoar-se o dia,
> quando vejo esvair-se a violeta, ou que
> a prata a preta têmpora assedia.

E os "homens pré-capitalistas", segundo Rojas (1996, p. 407),

> dizem que vieram ao mundo umas semanas depois das festas da Páscoa, do ano posterior à grande inundação e sob o governo do Rei Eduardo II, em vez de afirmar que sua data de nascimento foi em 7 de maio de 1590.

Mas tal inexatidão sob o capitalismo, quando todos devem ser situados e registrados na economia produtiva, inclusive temporalmente, é impensável.

Em oposição ao comportamento desses homens, temos o comportamento descrito por Martin-Fugier (1999, p. 199): "O desenrolar do dia pode ser lido nos manuais de comportamento, muito numerosos ao longo de todo o século XIX, constantemente reeditados, com variantes e adaptações". Mas também ressalta: "O tempo dos homens é o da vida pública, e sua utilização é ditada pelo ritmo dos negócios. Raros são os homens do mundo com tempo ocioso, que podem dispor de seus dias como bem lhe aprouver" (p. 203). A temporalidade capitalista teve nos mercadores, em Roma ou na Idade Média, seus precursores. A Pax Romana, segundo Duncan (1993, p. 77), "fomentaria uma classe média de comerciantes, burocratas, soldados, advogados, emprestadores de dinheiro e artesãos que entraram em contato com a noção de medir o tempo usando números e cálculos". E Le Goff (1993, p. 50) descreve em relação ao mercador medieval: "Para o mercador, o meio tecnológico sobrepõe um tempo novo, mensurável, quer dizer, orientado e previsível, ao tempo eternamente recomeçado e perpetuamente irreversível do meio natural". Mas Le Goff (p. 53) também questiona: "E o tempo da Igreja? O mercador cristão sente-o como um outro horizonte da sua expectativa. O tempo no qual ele age profissionalmente não é o tempo em que vive profissionalmente". Porém, ele, por outro lado, é incapaz de

> evitar os choques violentos e as contradições entre o tempo
> dos seus negócios e o tempo da sua religião, porque a Igreja
> continua agarrada a velhos regulamentos, mesmo quando cede,

no essencial, ao capitalismo nascente e mesmo quando nele se insere. (p. 59)

Já Wolf (1988, p. 166) salienta em relação aos comerciantes italianos do século XIV:

> Gostavam das representações exatas. Sabiam fazer cálculos, com a ajuda do ábaco, mas também do seu cérebro; e os cálculos que nos proporcionam tão generosamente os escritos daquela época eram, ao menos nas regiões desenvolvidas, de uma exatidão surpreendente.

Houve, portanto, precursores, mas a temporalidade capitalista é específica em relação à mentalidade e às atividades por eles desenvolvidas. Trata-se de uma temporalidade que nasceu com a burguesia e que criou, em seu seio, sua estrutura básica e, inclusive, sua perspectiva histórica.

A burguesia faz com que se desmanche no ar, para utilizar a expressão cunhada por Marx e Engels, toda e qualquer temporalidade que não se encaixe no tempo visto como produtivo em termos econômicos. E ela cria um tempo essencialmente linear, no qual qualquer instante perdido, ou seja, improdutivo, foi perdido para sempre, de forma que o lucro a ser dele obtido jamais retornará no futuro. Mas ela cria, também, um tempo de otimismo no qual o progresso é infinito, e a natureza é algo não a ser temido, mas a ser conquistado e explorado, em que o crescimento é ilimitado, e as inovações tecnológicas e as possibilidades de lucro são infindas, em que tudo o que aconteceu no passado faz parte da história e apenas é válido na medida em que preparou o advento do capitalismo.

A temporalidade capitalista transformou o tempo de trabalho em algo que fugiu ao controle do trabalhador, que precisou se envolver em uma série de lutas e movimentos para exercer um certo controle sobre ele. Afinal, o horário de trabalho nas fábricas passou a independer do operário, que não mais possuía a autonomia do tecelão para definir seu tempo produtivo.

E o movimento operário, a partir do século XIX, além de lutar por melhores salários e condições de vida, lutou também pelo tempo do operário. Tal luta investiu contra a inflexibilidade dos horários de trabalho, a transformação obsessiva do tempo em dinheiro, a apropriação do tempo por parte dos patrões e a criação de uma disciplina temporal que criava restrições ao uso do tempo por parte do operário e pretendia a criação de uma hegemonia temporal.

Tais formas de contestação não se limitaram, contudo, ao movimento operário. Por exemplo, escrevendo sobre uma rebelião de escravos ocorrida no início do século XIX, Costa (1998, p. 206) afirma:

> Os senhores e os administradores tinham de se preocupar com os horários de idas e vindas dos navios, a hora em que tinham de fazer o relatório da produção da propriedade, a hora de pagar impostos e contas, a hora em que recebiam o dinheiro. Os escravos, não. Então, por que deveriam se importar? Para eles havia apenas o tempo de trabalho, que pertencia aos senhores, e o "tempo livre" – que lhes pertencia.

Mas o que tornou específicos os protestos operários em prol de sua temporalidade foi a própria especificidade da temporalidade contra a qual esses protestos se deram.

Soboul (1974, p. 41) acentua em relação à França do século XVIII:

> Em Paris, na maior parte dos ofícios, trabalhavam-se 16 horas; os encadernadores e impressores, cuja jornada não ultrapassava 14 horas, eram considerados privilegiados. O trabalho, é verdade,

145

era menos intenso do que em nossos dias, em um ritmo mais lento; as festas religiosas, relativamente numerosas.

Mas na Inglaterra do século XIX, as condições de trabalho pioraram consideravelmente e as jornadas de trabalho, para os padrões hodiernos, eram incrivelmente longas. A imposição de uma temporalidade industrial, urbana e capitalista se deu em oposição à permanência de uma temporalidade rural, tradicional e capitalista, que precisava ser abolida com seu cortejo de festas, crenças, ritos e sazonalidades.

Segundo Poole (1995, p. 97), o calendário tradicional, com seus costumes populares e festividades, era visto como propriedade comum das classes trabalhadoras, e crescentemente visto por moralistas, empregadores e reformadores agrícolas como uma forma plebeia de vida a ser aniquilada. E o progresso da industrialização é definido por Harrison (1986, p. 138) como um ataque contínuo contra as rotinas irregulares de trabalho. Por outro lado (p. 141), o calendário rural, por exemplo, foi modificado, adaptado e realocado para uso no ambiente urbano. E o processo de urbanização se deu (p. 142) a partir de mudanças nas atividades de lazer, em parte devido a restrições ambientais e em parte devido ao ataque ao lazer popular promovido por membros da classe média. O que se buscava, em síntese, era o predomínio do tempo da produção, assim descrito por Debord (1997, p. 103): "O tempo da produção, o tempo-mercadoria, é uma acumulação infinita de intervalos equivalentes". Nasce, em síntese, o taylorismo, ao qual Tragtenberg (1980, p. 74) afirma:

> Cada operação é decomposta em *tempos elementares*; auxiliado pelo cronômetro, Taylor determina o tempo médio para cada elemento de base do trabalho, agregando os tempos elementares e mortos, para conseguir o tempo total do trabalho, com a

finalidade messiânica de evitar o maior dos pecados – a perda de tempo.

Toda temporalidade, então, cria seu cotidiano, ao qual Giddens (1989, p. 28) assinala:

> A vida cotidiana tem uma duração, um fluxo, mas não leva a parte nenhuma; o próprio adjetivo "cotidiano" e seus sinônimos indicam que o tempo, neste caso, é constituído apenas em repetição. A vida do indivíduo, em contraste, é não só finita, mas irreversível.

O cotidiano, portanto, é linear, mas também é repetitivo. Os mesmos atos e as mesmas situações se repetem ao longo dos dias e dos anos e geram o tédio, mas trazem também a segurança e a certeza perante o futuro sem as quais ser humano algum consegue estruturar sua vida. Afinal, é impossível se situar perante o tempo sem um mínimo de confiança e previsão em relação ao que ele nos reserva.

Capítulo 4
Olhares sobre o tempo

4.1 Platão e Aristóteles

Alain (1993, p. 62) sintetiza a perspectiva platônica a respeito do tempo:

> O tempo é abolido. De resto, o tempo é abolido tão logo se pensa o tempo; futuro, presente, passado, tudo está junto. O passado não pode ser nada de passado. O que existiu é o que devo pressupor para explicar o presente, um estado menos perfeito e mais perfeito ao mesmo tempo.

Com isso, o tempo deixa de fluir por não haver etapas passadas, presentes ou futuras pelas quais ele possa transitar. O fluir do tempo se transforma em uma ilusão que não capta o sentido estático de sua existência, sendo, antes, um devir que no final das contas é ilusório, servindo apenas para demarcar o fluir da existência humana, mas não da temporalidade que existe além desta existência e é superior a ela.

Há, por outro lado, a preocupação platônica em definir e precisar os vocábulos utilizados na marcação do tempo que flui, o que demonstra que este tempo, embora ilusório, não é visto por ele como irrelevante. Platão (*Crátilo*, 410c), dessa forma, destaca:

> O vocábulo Horas (estações) deve ser pronunciado à maneira antiga da Ática, caso queiras rastrear-lhe o significado. São denominadas Horas porque dividem (*horizousin*) o inverno e o verão, os ventos e os frutos da terra; e porque separam, são chamadas Horais.

Se a temporalidade humana flui, ela nunca rompe, entretanto, seus laços com o passado, sendo o conhecimento apenas recordação; uma forma de recordá-lo. Assim, segundo Platão (*Fédon*, 73d), "o que parece difícil de ser compreendido é precisamente de que maneira o que chamamos aprender seja apenas recordar". Com isso, o próprio fluir deste tempo é questionado, uma vez que o que aparenta ser o aprendizado do novo é apenas a recordação do antigo, que permanece de forma indefinida. Em vez de fluir, portanto, o conhecimento permanece atado ao passado.

Também o mito, em Platão, tem como fundamento o retorno ao passado; um passado que sempre retorna porque, na realidade, nunca chegou a ser passado. Assim, os mitos platônicos, como assinala Pucelle (1972, p. 62), combinam os retornos periódicos à perfectibilidade indefinida das almas.

Se o tempo é estático, ele, contudo, teve uma origem e, no *Timeu* (38b), Platão a descreve: "O tempo, portanto, veio a ser (gerado) simultaneamente ao céu (Universo), de modo que tendo sido gerados junto pudessem ser também dissolvidos juntos, na hipótese de haver algum dia para eles uma dissolução". Mas, se a origem do Universo coincide com a origem do tempo, não sendo anterior a esta, houve uma espécie de mundo anterior no qual a existência do tempo não é registrada.

Assim, segundo Conrad-Martius (1958, p. 114), há no *Timeu* um mundo sem tempo, ou pelo menos, sem aquele tempo que o criador do mundo formaria depois. Mas a temporalidade platônica apenas pode ser compreendida a partir de sua gênese e (p. 151) a relação do tempo platônico com as unidades de medida originárias do cosmos não possui um sentido acidental, e sim, essencial. E como Platão descreve este processo? Platão (*Timeu*, 48a) destaca:

Em verdade, o fato é que este Universo ordenado nasceu como um computo produzido pela combinação de necessidade e razão. À medida que a razão exercia um controle sobre a necessidade, persuadindo-a a conduzir a maioria das coisas que vem a ser rumo ao que é melhor, o efeito desse controle da necessidade que cedeu à inteligente persuasão foi este nosso Universo ser construído dessa maneira no início.

O Universo, portanto, é racional por ter nascido a partir do predomínio da razão. E o universo platônico, assim como o universo judaico, nasceu da ação de um demiurgo divino. Lemos então em Gênesis (1, 27): "E criou Deus o homem à sua imagem; à imagem de Deus o criou; macho e fêmea os criou". E lemos ainda em Gênesis (2, 1): "Assim, os céus, e a terra, e todo o seu exército foram acabados". Já Platão (*Timeu*, 37c) acentua:

E quando o pai que o gerou o percebeu em movimento e vivo, um monumento aos deuses eternos, também ele se regozijou; e estando efetivamente satisfeito, pensou em torná-lo ainda mais estreitamente semelhante ao seu modelo.

Da mesma forma, lemos em Gênesis (1 3): "E disse Deus: haja luz. E houve luz". Por sua vez, a função que foi atribuída ao Sol pelo deus que o criou, segundo Platão (*Timeu*, 39b), é "brilhar tanto quanto o possível por todo o céu (Universo) e proporcionar a todos os seres vivos devidamente dotados e ensinados pelo movimento giratório do *idêntico* uma parcela do número".

É retomada, finalmente, na descrição das origens do tempo a distinção, já presente em Hesíodo, entre o reinado de Cronos e o reinado de Zeus, embora a distinção hesiódica entre tempo de anarquia e tempo de justiça e lei não se mantenha. Assim, segundo Platão (*Górgias*, 524b), durante o reinado de Cronos e nos primeiros tempos do governo de Zeus os homens eram julgados em vida e vivos também estavam seus juízes, que exerciam suas funções no mesmo dia em que os réus morriam.

Há, na teoria platônica, uma distinção básica entre o múltiplo e o Uno. A vida humana é marcada pela multiplicidade. O tempo humano é precário, perecível e fugaz e tudo o que nele existe encontra-se em permanente mutação, com Platão retomando os conceitos de Heráclito para defini-lo. Assim, descreve Platão (*Crátilo*, 402a): "Heráclito afirma que tudo passa e nada permanece e compara o que existe à corrente de um rio, para concluir que ninguém se banha duas vezes nas mesmas águas".

Mas, em oposição, há a beleza e a harmonia permanentes e imperecíveis do Uno, e o contraste entre ambos os universos – o universo do tempo mutável e o universo do tempo imutável – fica claro quando Platão (*Hípias maior*, 289b) escreve: "E esse Heráclito mencionado por ti, não disse a mesma coisa: 'que o mais sábio dos homens, em confronto com um deus, não passa de um macaco, em sabedoria, beleza e tudo o mais?' ".

O conhecimento verdadeiro não é o conhecimento da multiplicidade, o que leva Platão (*República*, 585c) a questionar:

> E a teu ver, quando dois gêneros participam em maior ou menor dose da existência pura: o que abrange o pão, a bebida,

a carne e os alimentos em geral, ou o da opinião verdadeira, o conhecimento, a inteligência e o conjunto de virtudes?

Há, portanto, um conhecimento verdadeiro e puro, desvinculado das formas e tempos materiais, sendo este, necessariamente, o conhecimento a ser almejado pelo filósofo. Apenas a percepção direta do tempo e do universo do Uno produz o conhecimento verdadeiro. Segundo Platão (*Fédon*, 83b),

> as coisas que são examinadas por meio de um intermediário qualquer nada possuem de verdadeiro, e pertencem ao gênero do sensível e do visível enquanto o que elas veem pelos seus próprios meios é inteligível e, ao mesmo tempo, invisível.

Como, então, obtê-lo? A percepção do conhecimento verdadeiro se dá por meio do conhecimento de sua cópia imperfeita, ou seja, o universo do múltiplo, uma vez que o Igual, que é o Uno, reside no seio do desigual, como uma espécie de essência residente em meio ao que não é essencial. E Platão assinala (*Fédon*, 73d):

> Afirmamos sem dúvida que há um igual em si; não me refiro à igualdade entre um pedaço de pau e outro pedaço de pau, entre uma pedra e outra pedra, nem a nada, enfim, do mesmo gênero; mas a alguma coisa que, comparada a tudo isso, disso, porém se distingue: – o Igual em si mesmo.

Apenas este conhecimento – que é o conhecimento do bem – deve interessar, no que salienta o autor (*Filebo*, 20d):

> E suponho que o seguinte é sumamente necessário declarar acerca do bem, ou seja, que tudo aquilo que possui dele alguma noção o busca, o deseja, quer apanhá-lo e dele apossar-se e não tem nenhum interesse em nada que o bem não esteja presente.

E tal conhecimento é colocado em oposição ao conhecimento do múltiplo. De acordo com Platão (*Timeu*, 29b),

> explicações que dizem respeito ao que é estável, fixo e discernível ao entendimento, são elas mesmas estáveis e inabaláveis; na medida do possível, é necessário tornar essas explicações tão irrefutáveis e invencíveis quanto o pode ser qualquer explicação.

E o único conhecimento que importa reside na apreensão dessa essência, ou dessa igualdade, o que, por exemplo, leva o filósofo a enfatizar (*República*, 451a): "Considero muito menor crime matar alguém involuntariamente do que enganar quem quer que seja, em matéria de legislação, a respeito do belo, do bom e do justo". Isso porque esse engano impede o ser humano de alcançar seu objetivo supremo: a obtenção do conhecimento verdadeiro.

Há, por sua vez, um sentido político e histórico nesse conhecimento e nessa busca que Voegelin (2009d, p. 238) acentua em relação ao *Timeu*:

> A ideia de polis cresceu até sua plenitude não por ter ganhado abertamente a dimensão da história, mas porque na vida da alma, a solidão da contemplação está agora em harmonia com os ritmos transpessoais das pessoas, da raça humana e do cosmos.

A polis assemelha-se então à concretização terrena e histórica dessa busca, quando a perfeição por ela pretendida se transforma na adoção de um regime político que emule, entre os seres humanos, a perfeição existente no universo do Uno; que a imite em sua perfeição e em sua imutabilidade, sem, jamais evidentemente, conseguir se transformar em uma cópia exata, perfeita e imutável. De qualquer forma, esse é o ideal político platônico.

Há, por sua vez, uma relação intrínseca entre o tempo móvel do múltiplo e o tempo imóvel do Uno, uma vez que a temporalidade terrena reflete a eternidade e sua temporalidade imóvel. E, a partir dessa relação, Platão (*Filebo*, 59c) apresenta o seguinte enunciado:

> Que ou encontramos estabilidade de certeza, pureza, verdade e o que poderíamos denominar integridade entre as coisas que permanecem eternamente em idêntico estado, sem qualquer mistura, ou encontramos o que no máximo possível aparenta-se disso tudo; o mais que permanecer fora disso deve ser estimado como secundário e inferior.

A alma vive no tempo da multiplicidade, mas almeja alcançar o tempo do Uno. Para isso, contudo, ela precisa se purificar, porém, para alcançar a pureza devida, ela precisa enfrentar e abandonar suas origens, uma vez que, para Platão, a alma é originalmente impura.

A existência da alma, para o autor (*Leis*, X, 896b), precede a existência do corpo:

> Exata, pois, e totalmente verdadeira, autêntica e perfeita é a asserção de que a alma se forma antes do corpo, e que este é posterior, secundário, sendo a alma, por natureza, feita para comandar e o corpo para obedecer.

Mas tal impureza deriva da ligação que a alma mantém com o corpo, no que Platão (*Fédon*, 83d) acentua:

> Todo prazer e todo sofrimento possuem uma espécie de cravo com o qual pregam a alma ao corpo, fazendo, assim, com que ela se torne material e passe a julgar da verdade das coisas conforme as indicações do corpo.

Mas o que toda alma almeja, como meio para alcançar sua purificação e conseguir, com isso, alcançar uma nova temporalidade – a temporalidade do Uno – é ficar livre da impureza vinculada à existência do desejo físico e do sofrimento a ele relacionado. Platão (*Fedro*, 248c) afirma:

> Ademais, constitui lei divina da inevitabilidade a alma que acompanha um deus e que conquista a visão de qualquer das verdades estar livre de dano até o período subsequente, e se for sempre capaz de conquistá-la, estará sempre livre de sofrimento.

Ele descreve o que acontece com as outras almas:

> As demais almas seguem avante, todas ansiosas pela região superior, mas são incapazes de atingi-la, sendo então carregadas para baixo, em um mútuo pisoteamento e colisão, cada uma tentando ultrapassar a que lhe é vizinha. (248a)

E, em oposição, afirma o filósofo (248d): "A alma, porém, que experimentou a máxima visão, nascerá como homem a ser um amante da sabedoria ou amante da beleza, alguém versado nas artes das Musas e de pendor amoroso".

O caminho da salvação da alma reside, pois, no abandono do desejo físico e no jugo por ele imposto ao ser humano; no abandono de sua lei. Trata-se de um pressuposto que seria plenamente incorporado pela economia cristã da salvação e que transparece, por exemplo, quando lemos em Romanos (7, 23): "Mas vejo nos meus membros outra lei, que batalha contra a lei do entendimento, e prende-me debaixo da lei do pecado que está nos meus ombros".

Platão (*Fédon*, 67a) descreve as consequências da separação entre a alma e o corpo:

E quando dessa maneira atingirmos a pureza, pois que então teremos sidos separados da demência do corpo, deveremos muito verossimilmente ficar unidos a seres parecidos conosco; e por nós mesmos conheceremos sem mistura alguma tudo o que é.

Tal separação equivale ao abandono de uma temporalidade inferior, e Platão (*Fédon*, 114c) ressalta em relação aos que são libertados do Tártaro: "E, entre estes, aqueles que pela filosofia se purificaram de modo suficiente passam a viver absolutamente sem seus corpos, durante o resto do tempo, e a residir em lugares ainda mais belos que os demais".

Retomando a imagem socrática, tal separação é descrita como se fosse um renascimento, e Platão (*República*, 490b) descreve suas consequências:

> Aproximando-se, desse modo, do verdadeiro ser e a ele unindo-se, gera a inteligência e a verdade, com o que atinge o conhecimento e vive e se desenvolve verdadeiramente. Só então, nunca antes, é que cessas essas dores do parto.

Com isso, finalmente, a morte, em vez de ser um fim absoluto, passa a ser vista como uma transição. E aponta Platão (*Fédon*, 107c):

> Admitamos que a morte nada mais seja do que uma total dissolução de tudo. Que admirável sorte não estaria reservada então para os maus, que se veriam nesse momento libertos de seus corpos, de sua alma e da própria maldade!

Mas essa sorte não pode ser possível para que a concepção platônica do tempo faça sentido. Afinal, se a morte fosse o fim não haveria passagem possível da temporalidade do múltiplo para a temporalidade do Uno e, com isso, toda a teoria platônica, que absorve concepções orientais e abre caminho para concepções cristãs, desabaria. Desse modo, em síntese, apenas o fluir do tempo, com seu séquito de maldades e injustiças, faria sentido.

Como pensar a relação entre os conceitos de tempo elaborados por Platão e por Aristóteles? Reis (2009, p. 181) assinala:

> Aristóteles generaliza e precisa a hipótese de Platão: o tempo não é só medida do movimento circular e total da esfera, mas a medida de todo e qualquer movimento, que tem como referência última aquela medida astronômica.

O projeto aristotélico é, portanto, totalizante em relação à hipótese platônica, e segundo Conrad-Martius (1958, p. 241), na concepção de um cosmos totalizante que se transcende, abarca e fundamentalmente a si mesmo reside a façanha aristotélica.

Em comum entre eles há, ainda, o estabelecimento de uma relação entre o percurso da alma e a evolução do tempo. Segundo Leach (2000, v. 1, p. 177), os gregos concebem as oscilações do tempo em analogia com as oscilações da alma. E tal analogia encontra-se, efetivamente, presente na obra de ambos os autores. E, assim como ocorre em Platão, temos, em Aristóteles, a presença da alma como elemento unificador do tempo. De acordo com Tzamalikos (1991, p. 537), a definição aristotélica do tempo como número ou medida possui uma séria implicação, qual seja, o tempo não poderia existir se não houvesse uma alma em todos eles. Mas a alma, em Aristóteles, é uma extensão do motor imóvel.

Para Platão, apenas o tempo do Uno existe efetivamente, sendo o tempo do múltiplo apenas um reflexo imperfeito dessa temporalidade. E para Aristóteles, o tempo existe? Temos, no caso, uma nova convergência entre os autores, uma vez que, como Platão igualmente assinala, segundo Aristóteles (*Física*, IV, 10), o tempo não existe absolutamente, ou possui apenas uma existência imperfeita e obscura. E, como salienta Goldschmidt (1959, p. 31), o tempo, para Aristóteles, possui apenas uma realidade derivada.

Assim como é visto por Platão, o fluxo do tempo, para Aristóteles, é ilusório. Segundo Ricoeur (2010, v. 3, p. 32), "os termos 'presente', 'passado' e 'futuro' não são estranhos ao vocabulário de Aristóteles; mas ele só vê neles uma determinação do instante e da relação antes-depois". E o instante, na concepção aristotélica, mais que unir o passado e o futuro, funde-os na mesma temporalidade.

Como defini-lo? Há, de acordo com Aristóteles (*Física*, VI, 3), um elemento indivisível no tempo, que é o que chamamos de instante. E, ainda para Aristóteles (IV, 13), o instante une o tempo passado ao tempo futuro, sendo, de uma maneira geral, o limite do tempo, o começo de uma parte e o fim de outra. Com isso, todo instante é um extremo do tempo passado, no qual não há nada do futuro e, inversamente, é um extremo do futuro, no qual não há nada do passado (VI, 3).

O tempo não pode, contudo, ser definido como um fluxo de instantes sucessivos, visto que, segundo Aristóteles (*Física*, IV, 10), ele não é composto por instantes, já que esses não podem coexistir uns com os outros, uma vez que o que precede será sempre e necessariamente destruído e, com isso, a continuidade do tempo torna-se impossível. Mas como, então, o tempo flui? Ainda com Aristóteles (IV, 11), dizemos que transcorreu o tempo quando captamos no movimento uma relação anterior-posterior. E o tempo é o número do movimento nesta relação anterior-posterior, sendo constante por corresponder a um contínuo.

Se o instante é o elemento indivisível do tempo, a eternidade se situa fora dele, de forma que, segundo Aristóteles (*Física*, VI, 12), os seres eternos, por assim serem, não existem nem estão no tempo, pois o tempo não os envolve nem mede de forma alguma sua existência. E ele busca, ainda, situar-se no debate travado entre os gregos a respeito do tema, sendo este um debate no qual, de acordo com Aristóteles (*Do céu*, I, 10), uns argumentam que o mundo é eterno, outros que é corruptível. E, seguindo o pensamento de Aristóteles (I, 10), lemos no *Timeu* que o céu teve um começo, mas que é incorruptível e existirá pelo resto do tempo.

Ele discorda da primeira premissa e concorda com a segunda, uma vez que, segundo Aristóteles (*Do céu*, II, 1), o céu universal não foi engendrado e não pode ser destruído, sendo uno e eterno, sem princípio nem fim de sua total eternidade, possuído em seu tempo infinito. E, mais uma vez, ele confere um sentido totalizante a uma premissa platônica, já que, para Aristóteles (I, 9), não pode haver a produção de outros e diversos céus, uma vez que esse céu já abarca toda a matéria. E, ainda, fora do céu não há lugar vazio nem tempo. O céu, portanto, é o absoluto, assim como, na concepção aristotélica, o tempo ganha uma dimensão absoluta que exclui qualquer relativismo.

O tempo aristotélico é infinitamente divisível e longo. E o tempo, para Aristóteles, segundo Reis (2001, p. 472), "é exatamente uma continuidade, o instante a percorrer sua extensão, dividindo-a progressivamente em passado e futuro". De fato, ainda segundo Aristóteles (*Física*, VI, 2), algo que seja contínuo não pode ser composto por partes indivisíveis, por outro lado, toda magnitude é contínua. E ainda, o tempo aristotélico é cíclico.

Aristóteles, segundo Whitrow (1993, p. 58),

rejeitava todas as teorias evolucionistas, frisando a natureza essencialmente cíclica da mudança. [E ainda] Platão pensava que todo progresso consistia em tentar aproximar-se de um modelo preexistente no mundo atemporal das formas transcendentais, e Aristóteles via nele a realização de uma forma que já estava potencialmente presente.

O ciclo platônico não possui, portanto, um fator que o movimente, ao passo que o movimento cíclico aristotélico deriva da existência de um motor imóvel.

Segundo Aristóteles (*Metafísica*, XII, 6), é inteiramente necessário que haja uma substância eterna e imutável. Cabe a ela dar início ao tempo cíclico e manter seu fluxo, já que, para Aristóteles (*Da geração e da corrupção*, II, 11), se um ser deve necessariamente ter sido gerado, é preciso que se mova ciclicamente e retorne sempre ao ponto de partida. E o que existe necessariamente e absolutamente corresponde ao movimento e à geração cíclica.

Com isso, o conceito de história por ele desenvolvido, ao contrário do conceito cristão, tem como fundamento a repetição e não a ocorrência do novo em um desenvolvimento linear, no que Aristóteles (*Política*, VII, IX, 4) enfatiza: "De resto, há motivo para crer que, no decurso dos séculos, quase todos os inventos têm sido várias vezes descobertos, ou melhor, uma infinidade de vezes".

Mas, se por um lado a existência do tempo decorre da existência de um motor imóvel que o produz, por outro lado tal existência é um fluxo contínuo e o movimento constitui sua essência. De acordo com Aristóteles (*Física*, VI, 2), todo movimento se realiza no tempo e, em todo tempo há possibilidade de movimento. O que move e o que muda se move e muda no tempo.

Portanto, para Aristóteles (*Física*, IV, 10), toda mudança e todo ser que é movimentado estão no tempo, uma vez que o mais rápido e o mais lento são expressões que se aplicam a toda mudança. E Aristóteles (*Metafísica*, XII, 5) define as substâncias como aptas à existência independente e separada, sendo as causas de todas as coisas, cujas qualidades e movimentos não podem existir sem elas.

Barbosa Filho (1999, p. 19) afirma em relação a Aristóteles:

> No Livro IV da *Física*, ele termina, no capítulo 2, por definir o tempo como a medida do movimento segundo o antes ou o depois. Isso significa, em primeiro lugar, que não há tempo sem movimento ou mudança. Em segundo lugar, significa caracterizá-lo, em parte, como uma relação de ordem entre estados de coisas ou eventos.

E na concepção aristotélica, segundo Moraes (1994, p. 132), "sempre que nos damos conta do decorrer do tempo, damo-nos conta também de algum movimento, por mais ínfimo que seja". Retoma-se, na concepção aristotélica, de fato, a dualidade platônica entre a imutabilidade do Uno e o devir do múltiplo.

Assim como Platão contrasta a perfeição do Uno com a imperfeição do múltiplo que é sua cópia, para Aristóteles, segundo Goldschmidt (1959, p. 94), apenas a causa motriz é perfeita, uma vez que a cada instante ela faz gerar o ato de pensar. E é dela que nasce o movimento, já que segundo Aristóteles (*Física*, VII, 1), todo ser que se move é necessariamente movido por algo.

Há necessariamente, para Aristóteles (*Física*, VIII, 5), três coisas: o ser que é movido, o motor e aquilo pelo qual o ser é movido. Para o filósofo (*Metafísica*, XII, 8), o primeiro motor dos seres é imóvel, sendo o que imprime movimento aos demais por meio de um movimento primordial, eterno e único.

O motor imóvel é, em síntese, o único ser que se movimenta por conta própria, de forma que, para Aristóteles (*Do céu*, I, 2), se a rotação corresponde a algum corpo segundo a natureza, é evidente que existe algum corpo simples e anterior que se move por sua própria natureza.

O motor imóvel, em suma, situa-se fora do ciclo histórico e o produz. Essa é a premissa fundamental da concepção aristotélica de tempo, sendo que o pensamento cristão, especialmente em sua versão tomista, abandonando a concepção cíclica do tempo, transformá-la-ia em um dos fundamentos de sua própria temporalidade.

4.2 Plotino e os estoicos

Assim como já havia sido feito por Platão e Aristóteles, o sentido cíclico do tempo é igualmente ressaltado pelos estoicos, que viam os eventos como necessariamente recorrentes. Mas eles não admitem, ao contrário de Platão e Aristóteles, a existência de uma temporalidade alheia e superior à existência humana e recusam a existência do Uno ou de um motor imóvel a gerar todo o movimento existente.

O que há, para eles, é uma força que, por ser situada no mundo material, não é transcendente a este e age no contexto do tempo cíclico, não fora dele, atuando em toda a sua extensão. E a recorrência cíclica é concentrada pelos estoicos no momento presente, em que tudo o que ocorreu e ocorrerá se repete indefinidamente, no que Vernant (2001, p. 435) reforça:

> O tempo dos estoicos é apreendido pela categoria exclusiva do presente – tempo da ação. Passado e futuro são desqualificados; não são reais; não são agidos. Representam a dimensão temporal

da distância, o intervalo sempre mantido entre o agente e sua ação, entre o ato e o objetivo visado.

Como não há uma temporalidade alheia à natureza, ser virtuoso, para os estoicos, resume-se a viver conforme a natureza, sendo esta uma máxima continuamente reiterada, por exemplo, por Marco Aurélio. Mas viver conforme a natureza leva a sempre estar pronto para abandoná-la, embora Marco Aurélio, em momento algum, faça alusão a alguma forma de vida após a morte, definindo-a apenas como um mistério. Assim, ele (*Meditações*, IV, 5) a descreve:

> Tal qual o nascimento, a morte é um mistério da natureza; nos mesmos elementos de que ele nos compõe, ela nos dissolve. Em suma, não é motivo de vergonha; não é incompatível com a condição de ser inteligente, nem com o plano da estrutura.

O objetivo proposto, portanto, ao contrário da proposta platônica, que seria também a proposta cristã, consiste em conciliar a morte e a vida, a inexistência com a existência, a natureza com seu fim. Marco Aurélio (*Meditações*, XI, 3), então, assinala:

> Que bela é a alma preparada para uma imediata separação do corpo, seja para se extinguir, seja para se dispersar ou sobreviver! Que essa preparação, porém, provenha de um juízo próprio e não de um simples sectarismo como o dos cristãos; uma preparação raciocinada, grave e, para ser convincente, nada teatral!

Mas para que isso seja possível, é preciso que a morte não seja mais temida; mais ainda, é preciso que a morte seja objeto de menosprezo, e Marco Aurélio (*Meditações*, IV, 50), assim, acentua: "Recurso vulgar, porém eficaz, para o menosprezo da morte é passar em revista os que se demoraram aferrados à vida. Que vantagem tiveram sobre quem morreu prematuramente".

Se os estoicos recusam os fundamentos da concepção platônica do tempo, Plotino recupera-os e os transforma em fundamentos de sua própria filosofia. A descrição de Plotino, segundo Gerson (2010, p. 90), retoma a teoria platônica das formas. Já para Rist (1967, p. 112), assim como Platão, Plotino acredita que a alma é prisioneira do corpo. E ainda, segundo Rist (p. 106), assim como Platão, Plotino define o mundo das Formas como o único mundo real. Assim, na forma do fogo, para Plotino, seguindo o exemplo dado por Rist (p. 69) a natureza real não é uma simples qualidade, mas uma Forma e uma atividade que são necessária e essencialmente relacionadas ao fogo.

Segundo Plotino (*Enéadas*, VI, IV), existe, de um lado, o Universo verdadeiro e, de outro, a cópia do Universo, isto é, a natureza deste mundo visível. Tal natureza, ou seja, tudo que existe, provém do Uno, de forma que (V, V) dizer que o Ser provém do Uno é atinar com a verdade.

Tudo o que possui forma material, ou seja, toda matéria existe, para Plotino (*Enéadas*, II, IV), apenas como o receptáculo das Formas. Com isto, há as formas dotadas de existência material e as Formas que são o modelo ideal copiado imperfeitamente pela natureza. E há, igualmente, o tempo material e o Tempo eterno e imutável, fonte de toda temporalidade mutável, humana e imperfeita.

Mas também as formas possuem uma essência derivada de uma realidade superior, sendo que tal essência engloba-as em sua totalidade. Por isso, segundo Plotino (*Enéadas*, VI, VI), é preciso pensar todas as coisas em uma única essência, estando todas elas contidas e abarcadas por uma única natureza. E as qualidades são, antes de tudo, atos de potência que, igualmente, derivam de uma potência que as determina e da qual elas são a imagem. Por exemplo, para Plotino (II, VI), a brancura vista por alguém não é uma qualidade, mas um ato da potência que faz com que alguma coisa seja branca.

Assim como Platão o fez e os cristãos o fariam, Plotino (*Enéadas*, I, VII) define a presença da Alma no corpo como um mal em si mesmo, embora a Alma tenha o poder de superar as impurezas trazidas pelo seu contato com o corpo ao participar do Bem por meio da virtude.

O conceito plotiniano de alma é mais amplo, contudo, que o conceito platônico, aproximando-se, neste sentido, da totalidade aristotélica. Segundo Ullmann (2008, p. 195), "Plotino, como seu guia Platão, defende a conservação da individualidade da alma no outro mundo". Mas ele vai além da individualização da Alma, pensando-a, de forma mais ampla, como uma espécie de essência a animar (a dar alma) ao Universo.

Plotino (*Enéadas*, VI, I) define a Alma como uma essência que entra no corpo do céu, ou seja, do Universo, vivifica-o, torna-o imortal e faz despertar o que está inerte. E compara-a aos raios do Sol a iluminar as nuvens escuras. Descreve, ainda, como a Alma, sempre iluminada, ilumina as coisas inferiores a ela e permite-as viver (V, IX). E assinala como o Universo é animado por uma Alma que não lhe pertence, que o domina sem estar dominada por ele e que o possui sem estar possuída por ele (IV, V).

Gerson (2010, p. 141) ressalta como Plotino insiste em enfatizar o caráter impassível da alma. Mas não é, no caso, da alma individual que se trata, pois esta se encontra sempre em movimento. Afinal, para Plotino, como salienta Piettre (1997, p. 35), "o mundo material, com o tempo físico que lhe é inerente, são uma *distentio animi*, uma expansão da alma, da alma universal da qual participa nossa alma individual".

Descrevendo tal expansão, Plotino (*Enéadas*, III, VIII) retoma a metáfora da subida da alma do indivíduo, que seria tão frequente no Cristianismo e exemplarmente descrita por Dante. Assim, ele descreve como a alma possui uma parte que é sempre iluminada pela luz que lhe vem de cima e que a originou. Participando desta luz, a alma avança sempre em direção a ela e, fazendo isso, ela avança em direção à vida.

Já a recordação, para Plotino, assim como para Platão, é uma forma de expansão que se dá a partir da contemplação do Belo e da recordação de suas origens. Assim, o Belo, para Plotino, segundo Ullmann (2008, p. 165), "tem o condão de fazer a alma humana entrar em si mesma e fazê-la recordar a origem divina". A recordação, portanto, tem o poder de trazer de volta uma temporalidade primordial e perfeita.

Toda a beleza existente no mundo deriva, para Plotino (*Enéadas*, I, VI), de sua comunhão com uma forma ideal, sendo o Belo o primeiro princípio e a fonte e o princípio da Beleza. E da contemplação do Belo (III, V) emana o que é definido por ele como Amor, ou seja, como uma visão que possui em si sua própria imagem. Contemplar o Belo, portanto, é compartilhar da temporalidade da qual o Belo faz parte, que o possui e é possuída por ele. É amá-la e alçar-se até ela, em um sentido próximo ao conceito agostiniano de amor.

O retorno, no pensamento plotiniano, é também uma forma de convergência rumo à unicidade, sendo a celebração dessa convergência um conceito frequente no pensamento romano, presente, por exemplo, neste trecho de Cícero (*Da república*, I, XIV):

E o mais admirável no invento de Arquimedes consiste em ter achado um meio de demonstrar a convergência dos astros para um ponto no meio da diversidade e desigualdade de todos os seus movimentos e trajetórias.

Já Plotino pensa tal convergência em termos de retorno ao Uno, no que Ullmann (2008, p. 163) assinala: "O retorno da alma humana ao Uno constituía a preocupação máxima de Plotino". E Plotino (*Enéadas*, III, VIII) situa a causa da vida no que está além da vida, uma vez que toda atividade, ao contrário de ser primordial, tem origem em uma fonte.

A convergência da alma individual com a Alma universal, que pode ser traduzida, também, em termos de convergência do tempo com a eternidade, é vista por Plotino como possível, o que faz com que ele acredite em uma forma de salvação e a veja com otimismo. Com isso, qualquer separação radical entre alma e corpo, formas terrenas e as Formas, ou seja, a eternidade é, para ele, motivo de escândalo. Segundo Guitton (1959, p. 83), o que escandaliza Plotino na filosofia gnóstica é seu pessimismo. E é exatamente a dualidade radical e pessimista dos gnósticos o fator que o assombrou.

Os gnósticos, em síntese, abandonam a esperança ao recusar qualquer forma de salvação para o corpo, isto é, para a vida terrena, ao passo que para Plotino, segundo Trotta (1997, p. 103), não apenas a alma confronta a realidade passada com a realidade presente e futura, mas intui sua própria "potência" em relação à modalidade temporal do conteúdo da esperança.

O caminho da salvação, na perspectiva plotiniana, reside na prudência e Plotino (*Enéadas*, I, VI) define-a como o pensamento que leva a alma para a esfera superior, ao separá-la da esfera inferior, ou seja, terrena. E a vida dos deuses e dos homens divinos é definida (VI, IX) em termos de liberdade em relação às coisas deste mundo.

Reis (2009, p. 231) declara:

> Para Plotino, a essência das coisas engendradas é de se desdobrar no futuro, em busca do ser. Seu desejo de futuro é aspiração ao ser. O que é no tempo, para ele, é incompleto e, por isso, tem necessidade do futuro para se completar.

E essa completude, ou seja, a salvação, consiste na reintegração da alma ao Uno. Mas quem, na perspectiva plotiniana, é o Uno, e quais são suas características? Ele, para Plotino (*Enéadas*, VI, VI), é inteligência, é o Ser pensante, isto é, a inteligência composta por todos os seres que dela derivam. É (III, VIII), o intelecto universal, sendo, portanto, o intelecto de todas as coisas.

Na definição de Plotino (*Enéadas*, III, VI), ainda, o Uno é anterior a todos os seres e não é nenhum deles. Mas é preciso que os seres existam para que haja algo além da Unidade, caso contrário (IV, VIII), tudo o que existe permaneceria como potência desprovida de forma e o próprio Uno permaneceria como potência desprovida de ato.

Plotino (*Enéadas*, VI, IX) define o Uno como acima do bem, sendo o bem para si mesmo e para tudo que compartilhe de sua unidade. E o Uno é definido (V, IV), ainda, como Ser primordial do qual deriva tudo o que existe abaixo dele e que dele provêm, seja de forma imediata, seja por meio de intermediários. Ele, para Plotino, segundo Bussanich (1996, p. 38), é o princípio primeiro e indemonstrável de todas as coisas, um ser infinito e transcendente e o objeto supremo do amor. E o Uno para Plotino, segundo Gerson (2010, p. 12), não pode ser dotado de atributos acidentais. Afinal, ele é a própria essência.

Se o tempo deriva do Uno, seu desenvolvimento, para Plotino, é circular e, portanto, é cíclico. Segundo Sêneca (*Epístolas morais a Lucílio*, I, 12, 6), toda a existência consta de partes e apresenta círculos maiores descritos ao redor de outros menores, havendo um que rodeia e envolve a todos e compreende desde o nascimento até o último dia. E tal imagem surge também na obra de Plotino (*Enéadas*, II, II), quando descreve o Universo movendo-se circularmente e, ao mesmo tempo, permanecendo em repouso. Mas o sentido cíclico de sua temporalidade é bastante específico. Segundo Guitton (1959, p. 100), se Plotino refuta o tempo cíclico popular, ele utiliza uma temporalidade bastante singular, que mistura tempo mítico e tempo cíclico. E, neste sentido, ele retoma os fundamentos míticos da temporalidade platônica.

Assim como para Platão e Aristóteles, no fluir do tempo, para Plotino, apenas o presente existe, e Mondolfo (1968, p. 523) acentua: "Pontualidade é instantaneidade do infinito: infinitude do pontual e do instantâneo: eis aqui a condição espiritual do rapto extático segundo Plotino". Mas o tempo do instante presente não é o tempo da eternidade, sendo que, para Plotino (*Enéadas*, III, VII), eternidade e tempo são duas coisas diferentes, com uma pertencendo à esfera do Universo e outra à esfera da natureza. E na eternidade (III, VII), o tempo ainda não existe a partir das coisas deste mundo, sendo produzido a partir da natureza que viria depois.

Plotino, como lembra Rist (1996, p. 394), não faz menção ao Cristianismo, mas às convergências entre seu pensamento e o pensamento agostiniano são diversas e profundas, à margem da profunda e admirável originalidade dos dois autores. Ambos, afinal, tomam como fundamento a revelação de um novo mundo feita por Platão. A diferença é que Plotino mantém-se dentro do horizonte da tradição greco-romana, ao passo que Santo Agostinho transforma a revelação platônica em revelação cristã, elaborando, com isso, uma nova forma de temporalidade.

4.3 Santo Agostinho e São Tomás de Aquino

O conceito de tempo em Santo Agostinho é um não conceito, uma não definição, o que o torna ainda mais admirável. O tempo, para ele, é o que não pode ser dito, o que não pode ser descrito, o que é claro quando o sentimos, mas o que é misterioso e inapreensível quando dele nos aproximamos.

É o que está sempre ausente, que acabou de acontecer ou acontecerá, e que não pode ser definido, mas que é translúcido em nossa vivência concreta. É o que existe na realidade e desaparece quando se torna abstração, mas que, talvez, exista apenas como realidade abstrata. E, nesse sentido, em sua concretude, o tempo para Santo Agostinho, como já o fora para Platão e Plotino, é uma ilusão. Há, afinal, o múltiplo e o diverso, que é a medida temporal do ser humano, mas há uma realidade fixa que, para ele, é a temporalidade que realmente interessa ou deveria interessar.

Santo Agostinho (*Confissões*, XI, 26) assinala: "Pelo que, pareceu-me que o tempo não é outra coisa senão distensão; mas de que coisa o seja, ignoro-o. Seria para admirar que não fosse a da própria alma". Com isso, ele nega objetividade ao tempo e afirma desconhecer sua origem, embora seja sua própria origem e, consequentemente, a origem e o sentido de todas as vidas que ele (I, 6) afirma desconhecer, quando ressalta: "Que pretendo dizer, Senhor meu Deus, senão que ignoro de onde parti para aqui, para esta que não sei como chamar, se vida mortal ou morte vital".

Segundo Sexto Empírico (*Delineamentos do pirronismo*, III, 144), o tempo se divide em passado, presente e futuro, mas se o futuro e o passado existem agora, eles são o presente, ou então não existem. Temos retomada, aqui, uma concepção largamente explorada por Platão, Aristóteles, Plotino e Santo Agostinho, embora haja, no caso, uma diferença que Rabuske (1996, p. 7) acentua: "A diferença fundamental entre Aristóteles e Santo Agostinho é que o primeiro coloca no centro da sua concepção do tempo o *instante*; o segundo o *presente*". E o próprio presente, para Santo Agostinho, não é necessariamente fixo, no que Rufino (2004, p. 28) reforça: "Para Santo Agostinho, o presente talvez seja tão afetado pela evanescência quanto o é o passado. Presente, passado e futuro são uma e a mesma areia na irreversível ampulheta do tempo". Por fim, Puente (2010, p. 31) sintetiza a análise agostiniana:

> Ele mostra que como o passado não existe mais, o futuro ainda não chegou a ser e o presente não tem nenhuma extensão que se possa apreender; o que se pode efetivamente medir quando mensuramos o tempo não é, por conseguinte, o próprio tempo, mas tão somente o nosso próprio espírito.

Vejamos, porém, como o próprio autor expõe suas ideias sobre a relação entre presente, passado e futuro.

A própria existência do passado e do futuro é questionada, quando Santo Agostinho (*Confissões*, XI, 14) afirma:

> De que modo existem aqueles dois tempos – o passado e o futuro –, se o passado já não existe e o futuro ainda não veio? Quanto ao presente, se fosse sempre presente, e não passasse para o pretérito, já não seria tempo, mas eternidade. Mas se o presente, para ser tempo, tem necessariamente de passar para o pretérito, como podemos afirmar que ele existe, se a causa da sua existência é a mesma pela qual deixará de existir? Para que

digamos que o tempo verdadeiramente existe, porque tende a não ser?

Também a existência do presente é questionada, quando ele ressalta em relação a ele: "Mas este voa tão rapidamente do futuro ao passado, que não tem nenhuma duração. Logo, o tempo presente não tem nenhum espaço" (*Confissões*, XI, 15).

O que torna impossível a apreensão do tempo é o fato de este se dar apenas quando o que existe para ser apreendido já deixou de existir, no que Santo Agostinho (*Confissões*, XI, 16) salienta: "Quando está decorrendo o tempo, pode percebê-lo e medi-lo. Quando, porém, já tiver decorrido, não o pode perceber nem medir, porque esse tempo já não existe". E, por fim, a própria existência das coisas futuras é posta em questão, quando ele afirma:

> Por conseguinte, as coisas futuras ainda não existem; e se ainda não existem, não existem presentemente. De modo algum podem ser vistas, se não existem. Mas podem ser prognosticadas pelas coisas presentes que já existem e se deixam observar. (XI, 18)

A existência do futuro não passa, portanto, de um prognóstico ou de um pressentimento.

Pensar o passado ou o futuro é algo que não pode ser feito devido ao fato de nenhum dos dois existir e, assim, por não poderem ser aprendidos. Santo Agostinho (*Confissões*, XI, 28) descreve:

> Portanto, o futuro não é um tempo longo, porque ele não existe: o futuro longo é apenas a longa expectação do futuro. Nem é longo o tempo passado porque não existe, mas o pretérito longo outra coisa não é senão a longa lembrança do passado.

E enfatiza em relação ao som da voz:

> Era futura antes de ecoar e não podia ser medida porque ainda não existia, e agora também não é possível medi-la porque já se calou. Nesses instantes em que ressoava era comensurável, porque, então, existia uma coisa suscetível de ser medida. Mas mesmos nesses momentos não era estável. (*Confissões*, XI, 27)

O que existe, em síntese, para ele (*Confissões*, XI, 20), é apenas o presente, e é em seus termos que as coisas passadas e futuras podem ser traduzidas:

> O que agora claramente transparece é que nem há tempos futuros nem pretéritos. É impróprio afirmar que os tempos são três: pretérito, presente e futuro. Mas talvez fosse próprio dizer que os tempos são três: presente das coisas passadas, presente das presentes e presente das futuras.

Como, então, por quais critérios, e de que forma, indaga Santo Agostinho (*Confissões*, XI, 21), podemos medir o tempo?

> Em que espaço medimos o tempo que está para passar? Será no futuro, de onde parte? Mas nós não podemos medir o que ainda não existe! Será no presente, por onde parte? Mas nós não medimos o que ainda não tem nenhuma extensão! Será no passado, para onde parte? Mas, para nós, não é mensurável o que já não existe!

A resposta, portanto, que para ele, afinal, não existe, é dada na forma de um impasse para o qual ele não oferece soluções.

Se o passado não existe, o que a memória guarda e para que ela serve? Ela não deveria servir para nada, mas há em sua obra – e há nisso uma evidente influência da reminiscência platônica – uma valorização extraordinária do que a memória é capaz. Suas confissões, afinal, formam o primeiro livro moderno a partir da valorização da trajetória de um indivíduo, feita não a partir de seus feitos, mas a partir de sua subjetividade: de seu eu e de sua memória, ambos igualmente subjetivos.

Santo Agostinho (*Confissões*, X, 8) a descreve, seu conteúdo e como ela age perante o que nela está guardado:

> Chego aos campos e vastos palácios da memória onde estão tesouros de inumeráveis imagens trazidas por percepções de toda espécie. Aí está também escondido tudo o que pensamos, quer aumentando quer diminuindo ou até variando de qualquer modo os objetos que os sentidos atingiram. Enfim, jaz aí tudo o que se lhes entregou e depôs, se é que o esquecimento ainda não o absorveu e sepultou.

E ainda assinala: "Não dizemos ter achado uma coisa que se perdera, se não a conhecemos, nem a podemos conhecer, se dela nos não lembramos. Esse objeto desaparecera para os olhos que a memória conservara" (*Confissões*, X, 18).

O subjetivismo – sua adoção, e valorização – gera uma distinção fundamental, assinalada por Mammi (1994, p. 51), entre o pensamento agostiniano e a tradição neoplatônica da qual Plotino é o principal representante:

> A tradição neoplatônica pretendia que o tempo, como o Universo, fosse gerado por emanação do princípio único e eterno. A explicação agostiniana, ao contrário, introduz um elemento psicológico: o tempo é produzido pelo movimento da alma, a quem Deus deu a liberdade de se dirigir para Ele e para o Mundo.

Mas Santo Agostinho, por outro lado, assim como acentua Ricoeur (2007, p. 107), permanece, nesse sentido, fiel à tradição aristotélica: "Foi dito com Aristóteles, diz-se de novo mais enfaticamente com Santo Agostinho, a memória é passado e esse passado é o de minhas impressões; nesse sentido, esse passado é meu passado". Já segundo Guitton (1959, p. 273),

Santo Agostinho, em *Confissões*, não se propõe de forma alguma a reformar a psicologia aristotélica, com seu ponto de vista não pressupondo teoria alguma a respeito das funções da alma. Porém, ao contrário do que ressaltava Guitton, o psicologismo agostiniano remonta à concepção aristotélica de alma. Afinal, e como Aristóteles também o fez, ao negar objetividade à existência do tempo, Santo Agostinho transforma-o em uma duração vivenciada pela alma e que apenas a partir de suas oscilações eminentemente subjetivas pode ser medida e verificada. Com isso, como descreve Boutang (1993, p. 37), a ontologia agostiniana pode ser definida como uma ontologia do segredo segundo um movimento oculto do tempo, exatamente inverso em relação ao que aparenta ser evidente e que nós descrevemos a todo o momento.

Por ser subjetivista, a teoria agostiniana do tempo leva ao subjetivismo histórico, uma vez que toda a história está contida no presente, na mente de quem a recria. E, assim, ele situa a percepção do tempo e a própria concepção da história a partir de uma concepção psicológica, dando início, consequentemente, a uma nova forma de temporalidade, no que Ricoeur (2010, v. 3, p. 43) acentua, ao mesmo tempo que registra os limites da inovação agostiniana:

> O maior fracasso da teoria agostiniana foi não ter conseguido substituir uma concepção cosmológica por uma concepção psicológica do tempo, apesar do inegável progresso que essa psicologia representa relativamente a qualquer cosmologia do tempo.

De qualquer forma, o tempo, na perspectiva agostiniana, ganhou uma autonomia até então inédita, no que Ricoeur (2010, v. 1, p. 32) igualmente salienta: "Só Agostinho ousa admitir que se pode falar de espaço de tempo – um dia, uma hora – sem referência cosmológica".

Se a percepção do tempo e da história é subjetiva, a percepção de Deus – a crença em sua existência – deve fugir, contudo, de toda e qualquer subjetividade, pelo fato de tal existência ser absoluta, ou seja, desprovida de qualquer relatividade. Segundo São Tomás de Aquino (*Suma teológica*, I, q. 6, a. 2), Deus é o sumo bem e não apenas em algum gênero ou ordem, mas em absoluto. Já na perspectiva agostiniana a existência de Deus é absoluta devido ao fato de, por Deus ser desprovido de matéria, ele ser igualmente desprovido da incerteza que cerca as coisas matérias.

É a partir da concepção de Deus como um ser desprovido de matéria que Santo Agostinho (*Cidade de Deus*, XI, V) ressalta: "Tratamos com quem sente conosco ser Deus incorpóreo e criador de todas as naturezas distintas". E ele pensa Deus sempre em oposição ao tempo referente às coisas materiais, que é necessariamente transitório e, por isso, inapreensível, não sendo sua existência, portanto, passível de comprovação. Assim, a temporalidade divina é a única que verdadeiramente existe, no que Santo Agostinho (*Confissões*, VII, 10) afirma: "Ora, só existe verdadeiramente o que permanece imutável".

Segundo São Tomás de Aquino (*Suma teológica*, I, q. 10, a. 2), o conceito de eternidade deriva do conceito de imutabilidade, e como Deus é o mais imutável a ele compete ser eterno em grau máximo. Da mesma forma, para ele, apenas em Deus há eternidade no sentido próprio e rigoroso, uma vez que a eternidade segue a imutabilidade e apenas Deus é rigorosamente imutável (1q. 10a. 3). E, ainda, a eternidade existe simultaneamente, antes e depois do tempo, de forma que tempo e eternidade não são a mesma coisa (1q. 10a. 4).

Há, neste sentido, uma nítida convergência entre o tomismo e o agostinianismo, inclusive no que ambos possuem de ultrapassado perante a física moderna. Afinal, para Tomás de Aquino, como assinala Cabrera (1985, p. 161), o movimento do primeiro céu não apenas é a medida de outros movimentos, mas, também, é o sujeito único do tempo, o que torna compreensível sua unidade. Tal hipótese, contudo, ainda segundo Cabrera (p. 171), seria contraditada por Copérnico, uma vez que, para este, o céu não se move e, portanto, não pode ser a medida do tempo, com a Terra se convertendo, por necessidades do sistema, na medida do tempo.

O que é possível concluir de toda esta exposição comparativa é que, em Deus, a transitoriedade humana desaparece, no que Santo Agostinho (*Confissões*, XI, 7) afirma:

> Sabemos, Senhor, sabemos que uma coisa morre e nasce, consoante deixa de ser o que era e passa a ser o que não era. No vosso Verbo, porém, nada desaparece, nada se substitui, porque é verdadeiramente eterno e imortal.

Santo Agostinho (*Confissões*, XI, 11), por fim, indaga: "Quem poderá prender o coração do homem, para que pare e veja como a eternidade imóvel determina o futuro e o passado, não sendo ela nem passado nem futuro"? Apenas o Amor pode desempenhar essa tarefa, ou seja, apenas ele, na perspectiva agostiniana, pode ser o caminho da salvação.

E, por fim, se para Platão e Plotino o Amor despertado pela contemplação do Belo permite o acesso da alma ao Bem, para Santo Agostinho (*Confissões*, VII, 10) o caminho para Deus é igualmente o Amor:

Quem conhece a Verdade conhece a Luz Imutável, e quem a conhece, conhece a Eternidade. O Amor conhece-a! Ó Verdade eterna, Amor verdadeiro, Eternidade adorável! Vós sois o meu Deus! Por Vós suspiro noite e dia.

Referindo-se à ação divina, São Tomás de Aquino (*Suma teológica*, I, q. 42, a. 2) critica os "amigos filósofos" por terem se fixado na produção de efeitos particulares, que supõem necessariamente algo anterior à sua ação. Isso devido à inexistência de qualquer coisa ou ser que preceda a esta ação, no que Santo Agostinho (*Confissões*, XI, 10) igualmente assinala: "A vontade de Deus não é uma criatura. Está antes de toda criatura, pois nada seria criado se antes não existisse a vontade do Criador". E o autor ressalta igualmente: "Vós sois, antes de todos os tempos, o eterno Criador de todos os tempos. Estes não podem ser coeternos convosco, nem nenhuma outra criatura, ainda que haja algumas que preexistem aos tempos" (XI, 30).

Segundo São Tomás de Aquino (*Suma teológica*, I, q. 1, a. 9), quanto mais nobre é uma criatura, tanto mais ela é semelhante a Deus. E a beleza divina é imutável, em oposição à corrupção dos seres e das coisas que, na perspectiva agostiniana, foram criadas a partir do Verbo. É o que Santo Agostinho (*Confissões*, XI, 5) relata: "Portanto, é necessário concluir que falastes, e os seres foram criados. Vós os criastes pela vossa palavra"! E ele utiliza, ainda, a fonte como imagem para descrever a ação divina a originar a criação do mundo: "A fonte (cujas águas se aglomeram) em um pequeno reservatório é (depois) mais abundante e fornece o caudal a diversos regatos para uma extensão mais ampla do que a de qualquer deles" (XII, 27).

Segundo São Tomás de Aquino (*Suma teológica*, I, q. 46, a. 3), tempo, céu e terra foram criados simultaneamente. Tudo o que é mutável proveio, enfim, de um motor imóvel e imutável – e, aqui, o que temos, evidentemente, é uma retomada do motor imóvel aristotélico –; e Santo Agostinho (*Confissões*, XII, 7) trabalha a partir do mesmo preceito, ao acentuar: "Se a mutabilidade existia, donde provinha senão de Vós, de quem todas as coisas recebem o ser, de qualquer modo que elas sejam. Tanto mais longe estão de Vós mais diferentes são de Vós". E ele ainda assinala: "A matéria informe é também precedida pela eternidade do Criador, que a fez para que fossem extraídas do nada as coisas" (XII, 29).

Esta, nas palavras do próprio Santo Agostinho (*Cidade de Deus*, XII, XVI), é a única certeza que ele possui a respeito do tema: "Confesso minha ignorância a respeito do número de séculos transcorridos antes da criação do gênero humano; não me cabe, porém, a menor dúvida de que não há criatura alguma coeterna com o criador". E, fora desta certeza, o que existe, segundo ele (XII, IV), é o abismo do mistério:

> Quem poderá sondar esse abismo insondável e penetrar esse mistério impenetrável, baseado em que, sem mudar de vontade, Deus criou no tempo o primeiro homem temporal, anterior a quem não existiu nenhum, e desse primeiro homem multiplicou o gênero humano.

Santo Agostinho (*Confissões*, XI, 23) se refere ao *Timeu* quando afirma: "Ouvi dizer a um homem instruído que o tempo não é mais que o movimento do Sol, da Lua e dos astros. Não concordei. Porque não seria o movimento de todos os corpos"? E ele assinala em relação ao movimento de um corpo: "Se o presencio por longo espaço, não posso dizer quanto tempo demorou, mas somente que demorou muito tempo, porque o 'quanto' só por comparação o podemos avaliar" (XI, 24).

A dualidade fundamental a ser assinalada, no caso, é a incerteza gerada pelo movimento humano em oposição à certeza gerada pela imutabilidade divina. Segundo São Tomás de Aquino (*Suma teológica*, I, q. 10, a. 1), o tempo mede apenas o que está no tempo e possui princípio e fim. E por não possuir, portanto, nem princípio nem fim, a existência divina é atemporal e fundamenta a existência do que pertence ao tempo e nele vive, assim como, na perspectiva agostiniana, o que é instável e diverso tem como fundamento o que é atemporal e, então, imutável. Ainda, o tempo é tratado por Santo Agostinho, segundo Ruggiu (1997, p. 20), a partir de uma oposição entre o interno e o externo, o objeto e o sujeito. Mas, perante a atemporalidade divina, tal divisão perde todo e qualquer sentido.

Além do tempo humano, em síntese, há um tempo que não é humano, ou seja, um tempo que existe independentemente da humanidade, que criou a temporalidade humana e que a fundamenta. A criatura criada é responsável, portanto, pela elaboração de seu próprio tempo, no que concede a ela o dom do livre-arbítrio. Assim, Santo Agostinho (*Cidade de Deus*, XI, VI) ressalta:

> Se é correta a distinção entre eternidade e tempo, baseada em que o tempo não existe sem alguma modalidade mutável e na eternidade não há mutação alguma, quem não vê que não existiriam os tempos, se não existisse a criatura, suscetível de movimento e mutação.

E conclui:

> O que se faz no tempo faz-se depois e antes de algum tempo. Depois do passado e antes do futuro. Mas não podia haver passado algum, porque não existia criatura alguma, cujos mutáveis

movimentos o fizessem. O mundo foi feito com o tempo, se em sua criação foi feito o movimento mutável.

A transitoriedade que, na perspectiva agostiniana, assinala o tempo humano, terminou por conferir-lhe, como salienta Kantorowicz (1998, p. 171), uma má fama:

> O Tempo, sob a influência do ensinamento de Santo Agostinho, havia desfrutado de uma reputação antes má que boa. Tempo, *tempus*, era o expoente da transitoriedade; significava a fragilidade desse mundo presente e de todas as coisas temporais, e portava o estigma do perecível.

Mas Kantorowicz (p. 173) assinala, ainda, a transformação ocorrida em relação à perspectiva agostiniana:

> Já no século XII pode-se verificar uma disposição por parte dos teólogos e filósofos escolásticos, de revisar o dualismo agostiniano do Tempo e da Eternidade e de abordar o problema de uma continuidade ilimitada que não era tempo nem *aeternitas*.

E ele conclui:

> Apenas na medida em que outro aspecto do Tempo – sua continuidade e infinidade prática – foi enfatizado, onde anteriormente a ênfase fora colocada na transitoriedade do Tempo, houve uma mudança na percepção humana da natureza do Tempo. (p. 176)

A dualidade agostiniana passou, em síntese, por um processo de relativização ao qual o próprio São Tomás de Aquino, como não poderia deixar de ser, não esteve imune. Assim, segundo São Tomás de Aquino (*Suma teológica*, III, q. 57, a. 4), ainda que por sua natureza um corpo não possa estar com outro no mesmo lugar, Deus pode, por um milagre, fazer com que esses dois corpos ocupem o mesmo lugar. Não se trata, portanto, de uma dualidade que não possa ser anulada, ainda que isso ocorra por meio da vontade divina.

Por outro lado, a teoria agostiniana do tempo, bem como a dualidade que a estrutura, foi transformada pela Igreja na sua teoria, sendo utilizada, como ressalta Nisbet (1985, p. 101), na luta da instituição contra teorias divergentes:

> A Igreja, endossando seu compromisso com a concepção do tempo, segundo Santo Agostinho, fez tudo o que pôde para deter a disseminação das doutrinas, de origem averroísta e aristotélica, que declaravam que a terra era eterna e que o movimento, a mudança e o desenvolvimento eram processos atemporais.

E, por fim, o contraste entre transitoriedade e imutabilidade é enfaticamente ressaltado quando Santo Agostinho (*Confissões*, VI, 8) descreve a evolução de seu próprio espírito no caminho da conversão: "O tempo não descansa, nem rola ociosamente pelos sentidos: pois produz na alma efeitos admiráveis. O tempo vinha e passava, todo dia". E, em oposição, ele salienta no permanente diálogo com Deus que estrutura toda sua autobiografia:

> Os vossos anos não vão nem vêm. Porém os nossos nos vão e vêm, para que todos venham. Todos os vossos anos estão conjuntamente parados, porque estão fixos, nem os anos que chegam expulsam os que vão, porque esses não passam. Quanto aos nossos anos, só poderão existir todos, quando já todos não existirem. (*Confissões*, XI, 13)

A transitoriedade da vida terminará, contudo, e de forma redentora, quando o próprio tempo no qual vivem as coisas e seres materiais chegar ao fim, e Santo Agostinho (*Cidade de Deus*, XX, XXX), em um sentido nitidamente escatológico, descreve o que virá depois: "Quanta não será a ventura dessa vida, em que haverá desaparecido todo mal, em que não haverá nenhum bem oculto e em que não se fará outra coisa senão louvar a Deus, que será visto em todas as coisas!".

Aqui, ele se mantém na tradição judaico-cristã, mas ele escreve como o neoplatônico que, afinal, nunca deixou de ser, quando assinala "a alma lembrar-se-á dos males passados, mas intelectualmente e sem sentidos" (*Cidade de Deus*, XX, XXX). Estamos, aqui, no universo de Platão, pois é de uma reminiscência platônica que se trata.

4.4 De Maquiavel a Nietzsche

A análise do conceito de tempo em Maquiavel deve ser precedida pela análise do conceito de tempo em Políbio, pelo fato de a teoria do pensador da Antiguidade ter influenciado decisivamente a teoria histórica maquiaveliana, o que Skinner (1996, p. 207) assinala: "No *Príncipe* não encontramos sinais dessa visão determinista da condição humana, mas os *Discursos* começam expondo, no pormenor, essa teoria polibiana dos ciclos inevitáveis".

A adoção de uma temporalidade cíclica faz com que Políbio (p. 109) recuse, por exemplo, a ação do Acaso:

> Não devemos de forma alguma dizer que a mudança resultou do Acaso, pois esta seria uma explicação simplista. Seria melhor procurarmos uma causa, pois sem esta, nenhum evento, seja normal, seja extraordinário, pode produzir-se.

Tais causas não podem ser atribuídas, segundo Maquiavel, apenas à ação individual, embora a *virtú*, para ele, desempenhe um papel de grande importância. E é, também, o que Políbio (p. 51) afirma: "Devemos, portanto, em nossas narrativas desviar nossa atenção dos atores e aplicar aos próprios atos as observações e os juízos merecidos". Ainda, a objetividade que caracteriza o texto de Maquiavel é definida por Políbio (p. 123) como um ideal a ser alcançado:

> O historiador não deve tentar emocionar seus leitores com tais quadros exagerados, nem deve atribuir aos personagens palavras que poderiam ter sido ditas, nem, a exemplo dos tragediógrafos, tirar todos os efeitos incidentais possíveis das situações de que trata; cumpre-lhe simplesmente registrar os fatos e as palavras reais, por mais banais que sejam.

E, por fim, tanto Políbio quanto Maquiavel veem o conhecimento histórico como um instrumento que deve permitir a compreensão do passado e a previsão do futuro. Políbio (p. 415) acentua:

> A transposição mental para o nosso tempo de circunstâncias passadas análogas dá-nos os meios para fazer previsões a respeito dos de circunstâncias passadas análogas e dá-nos os meios para fazer previsões a respeito dos acontecimentos futuros, capacitando-nos às vezes a tomar precauções, e às vezes, graças à reprodução de situações anteriores, a enfrentar com maior confiança as dificuldades pendentes sobre nós.

Discutindo a evolução dos diferentes regimes políticos, Políbio (p. 327) lembra que "somente quem percebe como cada espécie surge naturalmente e se desenvolve é capaz de ver quando, como e onde o crescimento, a plenitude, a transformação e o fim deverão presumivelmente ocorrer". E, fiel a tais lições, Maquiavel define, logo na introdução à *História de Florença*, os motivos que o levaram a escrevê-la, quando dois outros historiadores já o haviam feito. Trata-se de descrever e analisar as discórdias internas que surgiram ao longo da história florentina, e isso por que se alguma lição apraz e ensina na história, é a detalhada descrição; se alguma lição é útil aos cidadãos que governam as repúblicas, é precisamente a exposição dos motivos dos ódios e divisões das cidades, a fim de que possam, com outros casualmente tornados sensatos pelos perigos das experiências alheias, manter-se unidos. (MAQUIAVEL, 1998, p. 31)

Segundo Adverse (2009, p. 75), "para Maquiavel a ação apenas poderá ser considerada virtuosa no elemento da transitoriedade, não por fazer frente a ela, mas por se constituir com ela". O desenvolvimento histórico é, por outro lado, segundo Maquiavel, definido pelo destino, não pela vontade humana. Trata-se do "espetáculo oferecido pela história, que os homens podem perfeitamente acompanhar sua sorte, mas não se podem opor ao destino, que lhes permite urdir uma trama sem romper um só fio" (MAQUIAVEL, 1982, p. 285). Tal desenvolvimento, porém, não se apresenta de forma aleatória, segundo o autor, possuindo uma regularidade que é indispensável, inclusive, para a permanência do que existe:

> Neste mundo todas as coisas têm fim: esta é uma verdade perene. Mas só se mantém no curso que lhes deu a providência as coisas que guardam regularidade, sem sofrer alterações ou sofrendo-as para o bem, e não para o mal. (p. 301)

A função do conhecimento histórico é, portanto, constatar e decifrar tal regularidade, estabelecendo suas causas.

Entretanto, o destino é um fator histórico que deve ser levado em conta, e Maquiavel (p. 21) reconhece nele, ou na sorte, para usar sua expressão, uma força histórica incoercível:

> Estou convencido de que a sorte, para demonstrar que é ela que dá grandeza aos homens, e não a prudência, começa a

exibir sua força antes de que esta última tenha ocasião de revelar a sua, de modo que se lhe recomenda o maior poder.

A memória que guarda o passado é mutável e perecível, podendo ser apagada por diversos fatores enumerados pelo autor. Por exemplo:

> Quando surge uma nova religião, seu primeiro cuidado é abafar a memória da anterior, para aumentar sua própria influência; memória que se extingue completamente quando os fundadores da religião nova falam linguagem diferente. (MAQUIAVEL, 1982, p. 209)

Se coube a Maquiavel a secularização do tempo histórico, coube a Newton a secularização do tempo físico. O tempo, em sua obra, surge como uma entidade dotada de inteira autonomia, existente em si e por si e desprovida da subjetividade aristotélica e agostiniana. O tempo não depende, igualmente, das condições do mundo objetivo, agindo em relação a ele como uma duração de caráter absoluto e dotada de existência e característica específicas.

Mas há, por outro lado, um vínculo de continuidade entre o pensamento newtoniano e a tradição platônica-aristotélica-agostiniana que transparece quando Newton (1979, p. 8) afirma:

> O tempo absoluto, verdadeiro e matemático flui sempre igual por si mesmo e por sua natureza, sem relação com qualquer coisa externa, chamando-se com outro nome "duração"; o tempo relativo, aparente e vulgar é em certa medida sensível e externo de duração por meio do movimento (seja exata, seja desigual), a qual vulgarmente se usa em vez do tempo verdadeiro, como o são a hora, o dia, o mês, o ano.

A duração como tempo verdadeiro difere, portanto, do tempo relativo, que é o tempo medido pelas convenções do calendário e percebido pela consciência, assim como o tempo do Uno difere do tempo do múltiplo, ou o tempo de Deus difere do tempo dos seres humanos, embora tal dualidade, quando vista da perspectiva newtoniana, surja inteiramente secularizada. Mas ela se mantém presente, e se manterá presente, ainda, no conceito bergsoniano de duração. E ainda, a concepção newtoniana do tempo revela seus fortes laços com a Antiguidade quando Newton defende a hipótese de o mundo ter sido criado em 4004 a.c., sendo que ele despendeu seus últimos esforços na demonstração desta hipótese.

O sentido absoluto do tempo ressaltado por Newton permaneceu aceito sem contestações, de qualquer forma, até o início do século XX, e seu autor seria transformado em uma espécie de santo do racionalismo, do Iluminismo e da Modernidade, sendo este um nicho no qual sua imagem ainda é mantida, e com méritos inegáveis. Mas, no início do século XX, o relativismo einsteiniano provocaria um terremoto que abalaria as fundações da teoria newtoniana e abriria espaço para uma nova temporalidade, na qual ainda hoje vivemos.

Elias (1998, p. 38) destaca:

> Foi a Einstein que coube evidenciar que o tempo é uma forma de relação, e não, como acreditava Newton, um fluxo objetivo, um elemento da criação nas mesmas condições que os rios e as montanhas visíveis, e tão independente quanto eles da atividade determinativa dos homens, a despeito de seu caráter invisível.

E, segundo Whitrow (1980, p. 36), a teoria segundo a qual eventos são mais fundamentais que momentos – que não existem por direito próprio, mas apenas como classes de eventos definidos, a partir do conceito de simultaneidade – é usualmente conhecida como teoria relacional do tempo. E esta é a teoria aceita nos dias de hoje.

Quando comparada ao pensamento newtoniano, embora tenha sido publicada algumas décadas depois, a obra de Vico surge como algo estranhamente antiquado, ainda que seja dotada, igualmente, de profunda originalidade. Ela aparece como algo antiquado e fora de seu mundo, sendo esta uma das razões para ter passado praticamente despercebida por ocasião de sua publicação; por seu apego à temporalidade cíclica que Maquiavel, dois séculos antes, definira igualmente como válida em termos históricos. Mas, no início do século XVIII, no preâmbulo histórico do Iluminismo, a mentalidade era outra, e a obra de Vico não coube em seu contexto.

Nunes (1996, p. 136) relata:

> É certo que o historicismo, contestando o governo da razão iluminista, divisou, em função da diversidade e da autonomia orgânica de povos e nações, causas não racionais, excedentárias às motivações da ação individual, convergindo em um processo independente da vontade humana que lhes determinara o crescimento, a maturidade e a decadência.

Tal contestação, por estar afinada com a perspectiva viquiana, recuperou-a, mas isso ocorreria apenas um século após a morte do autor.

Bosi (2010, p. 51) resume as diretrizes destes projetos:

> Cada uma das três idades contempladas na *Ciência nova* (dos deuses, dos heróis, dos homens) tem a sua identidade fundada em um vínculo que congrega todas as suas manifestações materiais e simbólicas: vida familiar, relações de poder, linguagem, mito, poesia, formas de conhecimento etc.

E a temporalidade cíclica proposta por Vico reflete e estrutura, por exemplo, a análise dos ciclos políticos por ele elaborada. As repúblicas populares, as monarquias e os estados aristocráticos são, para Vico (1999, p. 45), as três espécies de Estados que "a divina providência, com os naturais costumes das nações, fez nascer no mundo". E ele menciona

> a idade dos homens, na qual todos se reconheceram como iguais em natureza humana, e, por isso mesmo, celebraram primeiramente as repúblicas populares e, finalmente, as monarquias, que são ambas formas de governos humanos, como pouco acima se disse. (p. 46)

Cada período histórico demanda, portanto, uma forma específica de regime político, com Vico (p. 432) descrevendo como eles se sucederam uns aos outros:

> Depois que se estabeleceu por todos os lugares o gênero humano com a solenidade dos matrimônios, vieram as repúblicas populares e, logo em seguida, as monarquias; nas quais, por meio do casamento com as plebes dos povos e das sucessões testamentárias, perturbaram-se as ordens da nobreza e, desse modo, foram, aos poucos, saindo as riquezas das casas nobres.

E trata-se, na definição de Vico, de um processo cíclico:

> Começaram os governos de uns, com as monarquias familiares; depois passaram a poucos, com as aristocracias heroicas; prosseguiram com muitos e todos nas repúblicas populares; finalmente, voltaram ao um nas monarquias civis. (p. 451)

No desenvolvimento de seu projeto Vico atuou sempre como um pesquisador de gabinete, nunca se preocupando em conectar seu saber à sua atuação no panorama político de seu tempo. Ele não seguiu, enfim, a lição de Políbio (1985, p. 70), para quem a experiência adquirida por meio da história pragmática é a melhor disciplina para a vida real, pois somente ela faz de nós os juízes mais competentes quanto ao que é melhor em cada ocasião e em cada circunstância sem nos causar qualquer pena.

Mas esta lição esteve presente o tempo todo na trajetória existencial de Maquiavel.

O projeto de Vico (1948, p. 46), segundo ele próprio assinala, consiste na construção de uma história ideal e eterna na qual transcorresse a história universal de todos os tempos, desenvolvendo-se a partir de certas propriedades das coisas civis e considerando o nascimento, permanência e decadência de todas as nações. E consiste, ainda segundo ele, em unir em um mesmo princípio todo o saber humano e divino (p. 55).

Vico (1929, p. 150) afirma, ainda, estar se esforçando para criar um sistema da civilização, da república, da lei, da poesia, da história e, consequentemente, de toda a humanidade. Este é seu projeto, mas ele não o pensa em termos utilitários. Seu projeto não é pragmático, não é voltado de forma imediata para as necessidades de seu tempo. A utilidade do conhecimento, em um século que definiu tal utilidade como vital, não é um tema que ele coloca em relevo.

E o projeto viquiano tem no mito um de seus fundamentos, em um século cujas elites intelectuais, em escala considerável, buscavam a secularização do conhecimento como ideal a ser atingido; o século que transformaria Voltaire em ideal de livre-pensador.

Segundo Bergel (1977, p. 196), a figura do círculo foi manifestamente sugerida a Vico pelo mito antigo do eterno retorno e pela imagem típica da roda da fortuna. E Vico (1999, p. 371) acentua: "Que todas as antigas histórias profanas possuem fabulosos princípios". A partir disso, ele descreve suas origens:

Que os caracteres poéticos, nos quais consiste a essência das fábulas, nasceram, por necessidade de natureza, incapazes de abstrair as formas e as propriedades dos temas; e, em consequência, deve ter sido a maneira de pensar de povos inteiros, postos em tal necessidade de natureza, que ocorre nos tempos de sua maior barbárie. (p. 365)

E ressalta sua função:

As fábulas, ou seja, caracteres duplos, devem ter sido necessárias no estado heroico, já que os plebeus não tinham nomes e traziam os nomes dos seus heróis; além da grande pobreza dos falares, com os dos primeiros tempos quando, nesta abundância de línguas, temos um mesmo vocábulo significando frequentemente diversas e, até mesmo, duas coisas contrárias entre si. (p. 256)

Os mitos foram, assim, as narrativas primordiais e as fábulas que os descrevem não são vistas apenas como mentiras, sendo, antes, expressões de uma forma de conhecimento que se expressa por meio da poesia, e não pela razão. No que Vico (p. 33) reforça:

As fábulas heroicas foram histórias verdadeiras dos heróis e de seus heroicos costumes que floresceram em todas as nações no tempo de sua barbárie; de modo que os dois poemas de Homero representam dois grandes tesouros de descobertas do direito natural das gentes gregas, ainda bárbaras.

Os séculos XIX e XX, em síntese, segundo Bergel (1977, p. 178), são otimistas, compartilham as ideologias naturalista ou hegeliana e não gostam do pessimismo realista de Vico, que discerne na história uma alternância contínua de períodos construtivos e destrutivos. Mas a concepção viquiana do tempo seria continuamente redescoberta, ora por Marx, ora por

Michelet, ora por Burckhardt. E sua "redescoberta", de certa forma, ainda não cessou.

Também no pensamento kantiano há uma dualidade de formas de conhecimento que abrange a percepção do tempo, e que Kant (1980, p. 44) expressa a partir da seguinte conclusão:

> Os objetos em si que de modo algum nos são conhecidos e que são por nós denominados objetos externos não passam de meras representações da nossa sensibilidade, cuja forma é o espaço e cujo verdadeiro *correlatum*, contudo, isto é, a coisa em si mesma, não é nem pode ser conhecida com a mesma e pela qual também jamais se pergunta na experiência.

Todo conhecimento, portanto, é uma representação de nossa sensibilidade, o que torna todo objeto perceptível apenas como fenômeno, com nosso conhecimento não abrangendo a coisa em si.

É no tempo e em relação aos objetos e seres nele situados, para Kant (p. 46), que atua a percepção sensível:

> Se posso dizer *a priori*: todos os fenômenos externos são determinados *a priori* no espaço e segundo as relações do espaço, a partir do princípio do sentido interno posso então dizer universalmente: todos os fenômenos em geral, isto é, todos os objetos dos sentidos, são no tempo e estão necessariamente em relações de tempo.

E, a partir daí, Kant (p. 47) o define:

> O tempo nada mais é que a forma da nossa intuição interna. Se a condição particular da nossa sensibilidade lhe for suprimida, desaparece também o conceito do tempo, que não adere aos próprios objetos, mas apenas ao sujeito que os intui.

Toda intuição temporal é, portanto, necessariamente subjetiva e, com isso, ele nega ao tempo existência objetiva.

Kant (1980, p. 49) assinala, ainda, em relação aos objetos:

> Espaço e tempo são as suas formas puras, sensação em geral a sua matéria. Podemos conhecer aquelas unicamente *a priori*, isto é, antes de toda percepção real, e chamam-se por isso intuição pura; a última, porém, é o que em nosso conhecimento a faz chamar-se conhecimento *a posteriori*, isto é, intuição empírica.

E afirma:

> Se digo que no espaço e no tempo tanto a intuição dos objetos externos como a da própria mente representa ambos, segundo o modo como afetam os nossos sentidos, isto é, como aparecem, não quero com isso dizer que esses objetos sejam uma simples ilusão. (p. 53)

A obra de Nietzsche representa, finalmente, a última retomada significativa da concepção cíclica do tempo, da qual Vico já fora um representante tardio.

Nietzsche (2005, p. 285) acentua:

> O mundo se conserva; não há qualquer coisa que devenha, qualquer coisa que passe. Ou melhor: ele devém, ele passa, mas ele jamais começou a devir e não cessará de passar – ele se mantém nestes dois processos [...] Ele vive de si mesmo: os – excrementos são a sua alimentação [...]

O fluir do tempo é uma ilusão, portanto, quando visto em termos de passado, presente e futuro. Tudo está no instante, uma vez que temos nele a repetição de tudo o que já ocorreu e a repetição de tudo o que ocorrerá. O instante concentra a eternidade, é circular e é eterno. Por isso, Nietzsche (1949, p. 34) conclama a imprimir o selo da eternidade em nossas vidas. E nos diz: "É um verdadeiro milagre: o instante. Aparecendo e desaparecendo como um relâmpago, vindo do nada e retornando a ele, volta, no entanto, como um fantasma a perturbar a paz de um instante posterior" (2005, p. 70).

O tempo nietzschniano ao mesmo tempo flui e se repete incessantemente. E descreve como se dá esta interação, que é entre o instante e a eternidade:

> O mundo, a natureza e o homem estão todos implicados no fluxo contínuo e eterno do tempo. O mundo se apresenta como um jogo de forças que age com a eternidade em um espaço determinado, obedecendo a enormes ciclos que se repetem regularmente no devir: *o mundo é vontade de poder.* (p. 37)

A crença nesta temporalidade circular transfere a eternidade para o mundo profano, concentra-a em um instante e deixa-a fluir indefinidamente. Nesse processo, a crença em qualquer força alheia a este mundo torna-se supérflua, ao passo que, segundo Nietzsche (1949, p. 26), a descrença perante um processo circular do todo torna necessária a crença em um deus caprichoso.

O retorno do instante que concentra a eternidade é eterno: eterno retorno, e o autor o descreve, ao indagar:

> E se, durante o dia ou à noite, um demônio te seguisse à mais solitária de tuas solidões e te dissesse: – essa vida, tal qual a vives atualmente, é preciso que a revivas ainda uma vez e uma quantidade inumerável de vezes e nada haverá de novo, pelo contrário. (1981, p. 223)

O fato de o tempo retornar eternamente não significa, contudo, que ele seja estático; pelo contrário, ele se encontra em permanente estado de mudança, de forma que, de acordo com Nietzsche (1949, p. 30), se admitirmos um tempo eterno, devemos admitir também uma eterna mudança da matéria.

Porém, se a matéria muda eternamente, ela nunca cria nada de novo e o que o tempo produz é apenas a repetição do que ele já havia produzido um dia. Acreditava-se antes, segundo o autor (p. 22), que a atividade infinita no tempo necessitava de uma força infinita e inextinguível, mas hoje, segundo ele, sabe-se que tal força é eternamente ativa, mas deve se repetir, ao contrário de criar um número infinito de coisas. Afinal, para Nietzsche (p. 23), como não há mais possibilidade de ocorrer nada de novo, tudo deve ocorrer novamente um número infinito de vezes. E mesmo a existência de um início absoluto é questionada, quando ele assinala:

> Engrandecer a origem, esta é a suposição metafísica que se põe a germinar quando se considera a História, e que leva a pensar que realmente no começo de todas as coisas se encontram as coisas mais preciosas e mais essenciais. (2005, p. 208)

Não existe, em relação ao tempo circular, nenhuma finalidade externa a ele e capaz de justificá-lo, assim como não existe nenhuma força providencial capaz de orientá-lo. O tempo nietzschniano, em síntese, prescinde de justificativas alheias à sua própria existência e recusa a existência de qualquer força ou ser externo a ele. Simplesmente, ele existe porque existe.

Nietzsche (p. 258) ressalta: "Tudo aquilo que vive se move; essa atividade não responde a fins precisos, isso é a própria vida". Não faz nenhum sentido, portanto, a busca de finalidades para a vida que sejam alheia à própria vida, pelo bom e simples motivo de tais finalidades simplesmente inexistirem. E o autor (1996, p. 66) salienta:

> O homem não é a consequência de uma intenção própria de uma vontade, de um fim; com ele não se fazem ensaios para obter-se um ideal de humanidade; um ideal de felicidade

ou um ideal de moralidade; é absurdo desviar seu ser para um fim qualquer.

O ser humano deve ser visto e valorizado, portanto, à margem de qualquer finalidade que justifique e oriente sua existência, e defender o contrário remete, para Nietzsche (2005, p. 241), à crença fácil em uma Providência inexistente: "Conhecer a história significa, hoje, reconhecer que todos os homens que acreditam em uma Providência tornaram as coisas muito fáceis. Não há nenhuma Providência".

Schopke (2009, p. 340) assinala:

> É preciso entender – e o próprio Nietzsche deixa isso bem claro – que este mundo não é um ser no sentido metafísico do termo nem um organismo em si, que se mantém vivo e nunca se altera. Ele apenas devém. Ele nunca chega a ser, mas também nunca perece. Além disso, não há uma finalidade última ou meta, ou então ele já teria chegado ao seu termo de alguma forma.

Mas é preciso, por outro lado, que uma finalidade seja construída? Segundo Nietzsche (1949, p. 29), é preciso evitar atribuir a este círculo de coisas qualquer finalidade. E o caos do todo, como negação de toda finalidade, não está em contradição com a ideia de um movimento circular. Por outro lado, ele (2005, p. 277) continua:

> Se não há nenhum fim em toda a história do destino humano, devemos, no entanto, impor um fim a ela: supondo, bem entendido, que um fim nos seja necessário e que por outro lado a ilusão de um fim e de um objetivo imanentes se torne para nós transparente.

A contradição que surge quando ambos os trechos são contrastados é, contudo, mais ilusória que real. Afinal, a imposição dessa finalidade deriva antes de uma construção, ou seja, de uma ilusão, de algo que seja imanente ao tempo. É preciso, enfim – parece reconhecer o autor –, que uma finalidade ilusória seja necessária para que o ser humano possa suportar a ausência de finalidade de sua existência. Tal finalidade, contudo, deve ser profana, evitando recorrer a qualquer ilusão de caráter religioso, e Nietzsche (1996, p. 43) explica porque deve ser assim:

> Falar de outro mundo distinto deste carece de sentido, supondo que não nos domine um instinto de calúnia, amesquinhamento e de suspeita contra a vida. Neste último caso nos vingamos da vida com a fantasmagoria de uma vida distinta, de uma vida melhor.

Se ele recusa a existência de qualquer finalidade alheia ao tempo profano que seja capaz de justificá-lo, definindo a busca desta finalidade como mera fantasmagoria, ele tampouco acredita no progresso evolutivo do ser humano. Assim, Nietzsche (1992, p. 28) reforça:

> A humanidade não representa uma evolução para o melhor, para o mais forte ou o mais elevado, da forma como se costuma acreditar atualmente. O "progresso" é apenas uma ideia moderna, isto é, uma ideia falsa.

O que resta, então? Resta o que resta a ser conhecido, que é infindável. Afinal, se o tempo é apenas uma repetição cíclica do que já foi um dia, nesse contexto sempre haverá algo a ser descoberto, no que Nietzsche (1984, p. 97) assinala: "Há mil sendas que nunca foram calçadas, mil fontes de saúde e mil terras ocultas na vida. Ainda não descobriram nem esgotaram os homens nem a terra dos homens". A descoberta é o novo, e o novo é associado (p. 40) à criança: "A criança é a inocência, e o esquecimento, um novo começar, um brinquedo, uma roda que gira sobre si, um movimento, uma santa afirmação [...]"

Se o progresso não existe, o declínio, na perspectiva nietzschniana, faz parte da condição humana e da estrutura, embora o declínio não seja necessariamente algo negativo. Pelo contrário, é em momentos de crise e conflito, de "corrupção", que brotam as correntes de revigoramento da sociedade. É uma concepção básica para a elaboração da teoria histórica do autor, no que Nietzsche (1981, p. 60) destaca:

> Épocas de corrupção são aquelas em que as maçãs caem das árvores; quero dizer, os indivíduos, os que carregam em si o sêmen do futuro, os promotores da colonização intelectual, os que desejam modificar relações Estado-sociedade. A palavra "corrupção" só é injuriosa quando designa os outonos de um povo.

O declínio inerente ao tempo histórico não pode, para ele (2005, p. 231), ser interpretado em termos de analogia com o processo de declínio do indivíduo: "Contra a comparação das diversas épocas históricas com a juventude, a maturidade e a velhice do indivíduo: não há qualquer traço de verdade nisso"! E este declínio é também triunfo: sobre o velho e aniquilação do que deve ser aniquilado. E isso, para Nietzsche (1984, p. 141), é o que deve ser feito: "Aniquile-se tudo quanto pode ser aniquilado pelas nossas verdades! Há ainda muitas casas a edificar"! O declínio, portanto, é também construção e início.

E se Nietzsche recusa a existência de um início absoluto, ele recusa, igualmente, a existência de um fim absoluto e redentor. O tempo histórico não oferece nenhuma possibilidade de redenção e não há nenhum ser externo a ele que possa levar a cabo esta tarefa; afinal, não há nenhum ser externo a ele.

Se a eternidade vive no tempo profano, e uma vez que este tempo é cíclico, ou seja, eterno, é nele também que o "reino de Deus", segundo Nietzsche (1992, p. 57), está: "O 'reino de Deus' não é o que se espera; não existe nem ontem nem depois do amanhã, não virá em 'mil anos', é uma experiência do coração; está em toda parte, em parte alguma [...]"

Procurá-lo fora deste tempo é apenas caminhar em direção a um futuro inexistente, e Nietzsche (1981, p. 181) ironiza os que se dedicam a esta caminhada: "Cada um quer ser o primeiro neste futuro – entretanto, a morte e o silêncio da morte são as únicas certezas que têm em comum". E ele (1996, p. 101) critica e ironiza, igualmente, a concepção escatológica do tempo: "O *Juízo Final* constitui o consolo da vingança; é a revolução, tal qual o concebem os trabalhadores, só que para tempos mais remotos".

A recusa a qualquer forma de redenção não se traduz, contudo, em mero quietismo perante o futuro, uma vez que Nietzsche (1984, p. 147) acentua: "Em meus filhos quero remediar o ser filho de meus pais; e no futuro todo quero remediar este presente". A menção à totalidade do futuro representa, assim, uma forma de crença redentora, e *Assim falou Zaratustra* é, por exemplo, todo ele estruturado a partir dessa crença. E é a crença nesse futuro que Nietzsche (p. 169) expressa neste trecho: "O presente e o passado sobre a Terra [...] ai, meus amigos! Eis para mim o mais insuportável; e eu morreria se não fosse um visionário do que deve vir".

E se é assim que ele pensa o tempo, como ele pensa a história do tempo, ou seja, o conhecimento histórico?

Nietzsche (p. 294) assinala: "Considerar tudo 'objetivamente', não se indignar com nada, não amar ninguém, 'compreender' tudo – é isso que se chama agora 'sentido histórico' ". É esse o sentido do conhecimento histórico que ele deplora: um conhecimento frio, estritamente objetivo e desprovido de valores.

E esse conhecimento, ressalta, é potencialmente destrutivo: "O sentido histórico, quando reina sem freios e leva até o fim todas as suas consequências, desenraiza o futuro, pois destrói as ilusões e priva as coisas existentes da única atmosfera na qual elas poderiam viver" (p. 129).

A própria ausência desse conhecimento é louvada por ele, quando Nietzsche (p. 75) acentua: "A ausência de sentido histórico é semelhante a uma atmosfera protetora sem a qual a vida não poderia surgir nem se conservar". E o mal referente ao uso do conhecimento histórico é diversas vezes sublinhado.

O conhecimento histórico não é, contudo, inerentemente negativo, com a ênfase sendo posta em quem dele se apropria, e não em sua essência. Como a temporalidade nietzschniana é cíclica, apenas os espíritos fortes são capazes de contemplar o espetáculo do eterno retorno que a fundamenta. Os fracos são aniquilados por essa visão, no que Nietzsche (2005, p. 113) reforça: "A história só é suportável para as personalidades fortes; para as personalidades fracas, ela somente consegue sufocá-las". E ainda afirma: "Quem não tenha feito algumas experiências maiores e mais elevadas do que a de todos os outros homens não poderá jamais interpretar a grandeza e a elevação no passado" (p. 127).

O conhecimento histórico possui um objetivo fundamental a alcançar. Nietzsche (1981, p. 218) destaca em relação ao que chama de "senso histórico": "Não nos parece que se trata de um novo sentimento, mas somente da diminuição de todos os sentimentos antigos: o sentido histórico é ainda tão pobre e tão frio e há homens que se arrepiam e se tornam mais pobres e frios ainda". O senso histórico, contudo, na perspectiva nietzschniana, pode tanto parecer "pobre e frio" quanto ser o agente produtor de uma felicidade nunca vista, desde que não pare em si próprio, mas busque produzir um novo sentimento. E Nietzsche (2005, p. 189) destaca:

> Existem duas maneiras de considerar o passado: uma se contenta com qualquer época, com qualquer povo, com qualquer dia; a outra é insaciável, porque não encontra em lugar nenhum a resposta que procura: como viver feliz?

O sentido histórico deve ser gerador de ação, deve servir ao presente e ao futuro, de forma que, segundo Nietzsche (p. 98), "é preciso que o conhecimento do passado seja sempre desejado somente para servir ao futuro e ao presente, não para enfraquecer o presente ou para cortar as raízes de um futuro vigoroso". E, por isso, acentua: "A história pertence ao homem de ação. É um espetáculo repugnante ver micrologistas, egoístas e turistas cheios de curiosidade escalando as pirâmides por todos os lados" (p. 185).

A história, para ele, deve ser colocada a serviço da vida: "A melhor abordagem da história é aquela que traz mais proveito para a vida. Para que serve colecionar escrupulosamente as causas, para fazer sair delas o fato e assim levá-lo até a morte" (p. 322)! E deve estar vinculada ao presente para ter o direito de existir, no que Nietzsche (p. 298) igualmente assinala: "É somente a partir da mais alta força do presente que vocês têm o direito de interpretar o passado: é somente com o maior esforço que vocês adivinharão o que, no passado, vale a pena ser conhecido". Por fim, segundo o filósofo, o pensamento da história futura triunfará cada vez mais e os que não acreditam nele deverão desaparecer radicalmente. O conhecimento do passado conecta-se, em síntese, à história do futuro (1949, p. 33).

4.5 Bergson

Proust (1983, p. 63) afirma:

> Admirava a impotência do espírito, do raciocínio e do coração em operarem a mínima conversão, em resolverem uma só dessas dificuldades, que em seguida a vida, sem que se saiba ao menos como fizeram, tão facilmente solucionam.

A dificuldade que, para Proust, o intelecto e os sentimentos possuem para compreender e resolver os problemas da vida é a mesma, para Henri Bergson, na compreensão e resolução dos problemas do tempo. E tal dificuldade se deve à sua dualidade, uma vez que, para Bergson, há o tempo que passa e o tempo que dura, ou seja, que fica na memória e, porque não passa, podemos dizer que não existe, ficando como duração interior.

Os sentidos, para Proust (1992, p. 243), não dão conta, nem remotamente, da diversidade do mundo no qual atuam:

> Por certo, para os homens e graças à pobreza dos sentidos, as coisas não oferecem senão um número restrito de seus atributos incontáveis. São coloridos porque temos olhos; a quantos outros epítetos não fariam jus, se dispuséssemos de centenas de sentidos.

Há, portanto, toda uma outra dimensão da vida que não é passível de percepção sensorial, assim como a duração, para Bergson, situa-se além da memória individual.

E Proust (1994, p. 153) assinala como – e apenas como – é possível o acesso a uma nova dimensão do conhecimento: "Só dormindo, só em sonhos, via estender-se à minha frente uma localidade constituída por matéria pura, inteiramente distinta das coisas comuns, que se veem, que se tocam". E é uma distinção semelhante a essa que Bergson (2006a, p. 51) leva em conta, ao definir o conceito de duração:

> Ela é memória, mas não memória pessoal, exterior àquilo que ela retém, distinta de um passado cuja conservação ela garantiria; é uma memória interior à própria mudança, memória que prolonga o antes no depois e os impede de serem puros instantâneos que aparecem e desaparecem em um presente que renasceria incessantemente.

A duração, para Bergson, opera de forma inconsciente, fundamentando a memória de tudo o que acontece conosco. E assim como a matéria pura proustiana, a duração pura bergsoniana só pode ser compreendida como continuidade da vida interior. É o tempo do indivíduo, não o tempo da sociedade, não formando, ainda, uma extensão temporal concreta, mas ganhando uma dimensão anímica, ou seja, vinculada muito mais à alma que ao intelecto. Com isso, o tempo, na perspectiva bergsoniana, ganha uma complexidade que não pode ser abarcada a partir de sua simples medição ou compreensão.

Lefebvre (1975, p. 210) acentua em relação à duração bergsoniana:

> Um universo qualitativo contínuo seria uma espécie de devir brumoso, informe, sem continuidade, *sem estrutura*. Cada instante não teria nenhuma relação determinável com o anterior, a não ser o fato de vir depois dele.

Mas a vida cotidiana não pode ser vivida assim, de forma que, para Bergson, como assinala Moore (1996, p. 55), a segmentação do tempo a partir de itens é necessária para nossa vida ativa.

O que interessa a ele, contudo, é a duração interior, e não o cotidiano ativo e exterior, e Bergson (1979, p. 25) a define:

> A duração interior é a vida contínua de uma memória que prolonga o passado no presente, seja porque o presente encerra distintamente a imagem incessantemente crescente do passado, seja, mais ainda, porque testemunha a carga sempre mais pesada que arrastamos atrás de nós, à medida que envelhecemos. Sem essa sobrevivência do passado no presente, não haveria duração, mas somente instantaneidade.

O que deve ser levado em consideração, portanto, não é a segmentação entre passado e presente, e sim sua junção em um todo contínuo, no que diz Bergson (2006b, p. 172): "É justamente essa indivisível continuidade de mudança que constitui a duração verdadeira". E ressalta:

> Não temos nenhum interesse em escutar o rumorejo ininterrupto da vida profunda. E, no entanto, a duração real está aí. É graças a ela que tomam lugar em um único e mesmo tempo as mudanças mais ou menos longas às quais assistimos em nós e no mundo exterior. (p. 172)

Surge, então, um paradoxo: a duração não interessa a quem vive imerso no cotidiano, mas é o único tempo verdadeiro, ou seja, a ser levado em consideração, uma vez que, no cotidiano, o que aparenta ser real, na realidade não o é. No que Bergson (1979, p. 97) assinala:

> O real não são os "estados", simples, instantâneos, tomados por nós, ainda uma vez, ao longo da mudança; é, ao contrário, o fluxo, é a continuidade de transição, é a mudança ela mesma. Essa mudança é indivisível e mesmo substancial.

Ao contrário do que ocorre no real cotidiano, o passado, na duração, para o autor (2005, p. 5), aumenta continuamente, em vez de passar: "A duração é o progresso contínuo do passado que rói o porvir e que incha ao avançar. Uma vez que o passado aumenta incessantemente, também se conserva indefinidamente". A duração, enfim, é o passado que dura e que se expande englobando o presente e formando algo novo que, para Bergson, deve ser procurado ainda que a hesitação forme a essência dessa procura que é, afinal, o próprio tempo. E Bergson (2006b, p. 105) ressalta:

> Assim, o ser vivo dura essencialmente; ele dura, justamente porque elabora essencialmente algo novo e porque não há elaboração sem procura, nem procura sem tateio. O tempo é essa hesitação mesma, ou não é absolutamente nada.

O conceito bergsoniano de duração pode ser compreendido, ainda, em contraponto às críticas que Bachelard faz a ele.

Há uma concordância entre o olhar que Bachelard e Bergson lançam sobre o tempo, à medida que enfatizam a distância entre o que poderia ser chamado de tempo denso bachelardiano e a duração bergsoniana e o tempo medido pelo relógio e vivido. Mas Bachelard (1994, p. 41) prefere pensar em termos de densidade do tempo do que em termos de sua duração:

> Quanto mais um tempo é ocupado, mais ele parece curto. Deveríamos dar a essa observação corriqueira um papel de extrema importância na psicologia temporal. Ela seria o fundamento de um conceito essencial. Veríamos então a vantagem que há em falar de *riqueza* e *densidade* mais do que de duração.

E é a própria ausência da densidade na duração bergsoniana que Bachelard (1978, p. 203) constata e deplora, ao dizer:

> A memória – coisa estranha! – não registra a duração concreta, a duração no sentido bergsoniano. Não se podem reviver as

durações abolidas. Só se pode pensá-las na linha de um espaço privado de toda densidade. É pelo espaço, é no espaço que encontramos os belos fósseis de uma duração concretizados em longos estágios. O inconsciente estagia. As lembranças são imóveis e tanto mais sólidas quanto mais bem espacializadas.

Se Bergson privilegia o tempo como caminho para a reconstituição do passado, Bachelard prefere o espaço, e sua *poética do espaço* pode ser definida como um projeto de resgate do passado a ser feita não a partir de sua temporalidade, mas de sua espacialidade, ou seja, a partir dos lugares simbólicos, poéticos e oníricos que o registram.

Bachelard (p. 245) relata: "Em Bergson, as metáforas são abundantes e, no final, as imagens são muito raras". E essa é uma crítica extremamente grave quando tomada da perspectiva bachelardiana, uma vez que são as imagens – seu sentido onírico e simbólico – que devem ser tomadas como caminho para o retorno ao passado e para o retorno do passado. É o que Bachelard (p. 218) salienta:

> Qualquer grande imagem tem um fundo onírico insondável e é sobre esse fundo onírico que o passado pessoal põe cores particulares. Assim, também, só quando já se passou pela vida é que se venera realmente uma imagem descobrindo suas raízes, além da história fixada na memória. No reino da imaginação absoluta, somos jovens muito tarde.

Finalmente, a existência da continuidade que forma a essência da duração bergsoniana é contestada em dois sentidos fundamentais. Inicialmente, quando Bachelard (1994, p. 39) assinala:

> Gostaríamos de ter um contínuo de atos e de vida para contar. Mas nossa alma não guardou uma lembrança fiel de nossa idade

nem a verdadeira medida da extensão de nossa viagem ao longo dos anos; guardou apenas a lembrança dos acontecimentos que nos criaram nos instantes decisivos do nosso passado.

A continuidade, nesse sentido, é vista apenas como uma ilusão, por não possuir fundamento nas recordações que a memória guarda efetivamente. E em um segundo sentido, quando Bachelard (p. 52) ressalta:

> Se pretendemos viver em um domínio homogêneo, perceberemos que o tempo não mais pode passar. No máximo, ele dá alguns saltos. Com efeito, a duração precisa sempre de uma alteridade para parecer contínua. Assim, ela parece contínua por sua homogeneidade, em um domínio que é sempre outro além daquele em que pretendemos observá-la.

Nesse sentido, é a própria continuidade temporal e, portanto, a duração que se torna inviável.

Para Bergson, afinal, não é possível pensar a duração sem levar em consideração sua continuidade, embora esta deva ser diferenciada do conceito de eternidade, podendo ser feito, no caso, um novo contraponto, entre a duração bergsoniana e o conceito de eternidade em Platão e Hegel.

A duração, para retomar a dualidade platônica, faz parte do tempo do diverso e não do tempo do Uno, que é eterno. Por isso, como ressalta Grimaldi (1992, p. 129), a bergsoniana é fundamentalmente diversa da ontologia platônica, uma vez que, para Bergson, é a duração, e não mais a eternidade, que se transforma na medida de todas as coisas.

Já Hegel (1997, v. 2, p. 57) relata: "Só o natural é, portanto, enquanto é finito, sujeito ao tempo; o verdadeiro, porém, a ideia, o espírito, é *eterno*". E salienta: "A intemporalidade absoluta é diferente da duração; é a eternidade que é ser, o tempo natural". A duração bergsoniana, por sua vez, embora postule a criação de uma nova percepção do real e inclusive a criação de um novo real, situa-o firmemente no terreno da temporalidade, recusando-a, ao contrário do que Hegel e Platão buscam e pretendem, qualquer dimensão ou sentido que a vincule à eternidade. Ao contrário de buscar a eternidade, afinal, Bergson privilegia o instante.

Já Proust (1988b, p. 376) descreve: "O passado não só não é fugaz, como também é imóvel". Ele, afinal, não desapareceu; pertence ao presente e dele faz parte. E esta relação entre presente e passado, com o instante capturando e mantendo-o em forma de duração, é de fundamental importância na teoria bergsoniana do tempo. Proust (1994, p. 153) ainda nos diz: "Apenas um momento do passado. Muito mais talvez: alguma coisa que, comum ao passado e ao presente, é mais essencial que ambos". E é essa essencialidade que se encontra presente quando Bergson (2006a, p. 62) diz: "O instante é o que terminaria uma duração se ela se detivesse. Mas ela não se detém. O tempo real não poderia, portanto, fornecer o instante; esse provém do ponto matemático, isto é, do espaço". Ao tempo real falta, portanto, o sentido essencial do tempo que tanto Proust quanto Bergson procuram.

Quando tentamos imobilizar o perfil de uma pessoa amada, segundo Proust (1986, p. 48), "o modelo querido, pelo contrário, move-se; nunca se tem dele mais que instantâneos frustrados". E tal tentativa fracassa por pretender o impossível, ou seja, fixar o que necessariamente, inevitavelmente, está em movimento: o tempo, mas não apenas o tempo, também sua lembrança. Afinal, os seres que nele vivem estão, para Proust

(1988b, p. 400), em movimento permanente segundo a perspectiva de quem os recorda:

> Os seres não cessam de mudar de lugar em relação a nós. Na marcha insensível, mas eterna do mundo, nós os consideramos como imóveis em um instante de visão, demasiado breve para que seja percebido o movimento que os arrasta.

Também para Bergson o conhecimento erra quando pretende fixar o que é imóvel, e o conhecimento age desse modo, segundo Bergson (2006b, p. 248), porque a razão assim o deseja e o necessita:

> Nossa razão fica menos satisfeita. Sente-se menos à vontade em um mundo no qual não reencontra mais, como que em um espelho, sua própria imagem. E, sem dúvida alguma, a importância da razão humana vê-se diminuída. Mas como a importância do próprio homem – do homem inteiro, vontade e sensibilidade tanto quanto inteligência – ver-se-á aumentada.

E tal desejo gera uma incompatibilidade vital, que Bergson (2005, p. 179) igualmente aponta: "Só estamos à vontade no descontínuo, no imóvel, no morto. A inteligência é caracterizada por uma incompreensão natural da vida".

O conhecimento consiste, então, em paralisar o que está em movimento. É como Bergson (2006b, p. 108) relata: "Nossa faculdade de conhecer é, portanto, essencialmente uma potência de extrair o que há de estabilidade e de regularidade no fluxo do real". E o autor define, igualmente, em que consiste essa percepção:

> Perceber consiste, portanto, em suma, em condensar períodos enormes de uma existência infinitamente diluída em alguns momentos mais diferenciados de uma vida mais intensa, e em resumir assim uma história muito longa. Perceber significa imobilizar. (1999, p. 244)

O projeto bergsoniano consiste, então, em inverter o processo de conhecimento que possui na fixidez seu ponto de apoio, levando-o a perceber e a compreender a duração, ou seja, o movimento contínuo que abarca o passado e o presente, o tempo e o espaço. E é esse projeto que leva Bergson (1979, p. 139) a indagar:

> Como levar o espírito humano a inverter o sentido habitual de sua operação, a partir da mudança e do movimento, considerados como a realidade mesma, e a ver no estável e nos estados apenas instantâneos tomados do movente?

Tal inversão é mais necessária por ser possível a partir dela – e apenas a partir dela – alcançar a verdadeira realidade, assim definida pelo autor (2005, p. 327): "O que é real é a mudança contínua de forma: a forma não é mais que um instantâneo tomado de uma transição". E tal inversão apenas pode ser concretizada a partir do eu, uma vez que para Bergson, como afirma Rossetti (2004, p. 117), "o *movimento* essencial, imanente a tudo, torna-se mais facilmente evidente quando é vivido pelo eu, quando sentimos em nós que mudamos o tempo todo".

E tal inversão, finalmente, é também abandono e renovação. É como se toda uma antiga forma de pensar, baseada em signos exteriores e não na percepção interior, devesse ser deixada de lado, para que a percepção real possa enfim aflorar e prevalecer. Bergson (2005, p. 356) descreve como esse abandono deve se dar:

> Para pensar o movimento, é preciso um esforço incessantemente renovado do espírito. Os signos são feitos para nos dispensar desse esforço, substituindo a continuidade movente das coisas por uma recomposição artificial que lhe equivalha na prática e que tenha a vantagem de ser facilmente manipulável.

O movimento é também evolução: evolução criadora. Segundo Bergson (p. 58), "a vida, desde suas origens, é a continuação de um só e mesmo elo que se dividiu entre linhas de evolução divergentes". Assim como há, portanto, uma continuidade que estrutura a duração do tempo, há uma continuidade que estrutura a evolução da vida, e essa evolução, para ele (p. 114), é infindável:

> Um plano é um termo conferido a um trabalho: fecha o porvir do qual desenha a forma. Frente à evolução da vida, pelo contrário, as portas do porvir permanecem abertas de par em par. É uma criação que prossegue sem fim em virtude de um movimento inicial.

A liberdade deriva da evolução criadora. São os obstáculos por ela ultrapassados que geram a criatividade com o objetivo de efetuar a ultrapassagem, no que Bergson (p. 288) diz:

> De nosso ponto de vista, a vida aparece globalmente como uma onda imensa que se propaga a partir de um centro e que, na quase totalidade de sua circunferência, detém-se e converte em oscilação no lugar: em um único ponto o obstáculo foi forçado, a impulsão passou livremente. É essa liberdade que é registrada pela forma humana.

E essa liberdade, na perspectiva bergsoniana, é exercida no tempo livre de finalismos e determinismos, mantendo-se fiel apenas à própria duração e sendo justificada por ela.

O conhecimento não é livre por se manter preso a determinismos e normas que pretendem orientar e limitar sua ação, o que não ocorre em relação à intuição. Por isso ela pode perceber e compreender o que permanece inacessível ao conhecimento racional: por que ela é livre para acompanhar e refletir o movimento da duração.

Proust (1979, p. 26) acentua em relação ao conhecimento intuitivo: "Quer dizer que a análise opera sobre o imóvel, enquanto a intuição se coloca na mobilidade, ou o que é a mesma coisa, na duração. Aí está a linha de demarcação bem nítida entre intuição e análise". E é precisamente essa demarcação que fundamenta o conceito bergsoniano de intuição. A intuição capta o movimento, enquanto a inteligência se limita ao espaço. E Bergson (1979, p. 140) ressalta: "A intuição nos dá a coisa de que a inteligência só apreende a transposição espacial, a tradução metafórica". Ainda, assim a define:

> Função metafísica do pensamento: principalmente o conhecimento íntimo do espírito pelo espírito, subsidiariamente o conhecimento pelo espírito, do que há de essencial na matéria, uma vez que a inteligência fora feita sobretudo para manipular a matéria e consequentemente para conhecê-la, mas não para tocar-lhe o fundo. (p. 33)

A intuição gera, então, o conhecimento profundo, que vai além da matéria por se situar no tempo, ao passo que a inteligência se limita à percepção dos fatos em sua dimensão material. Bergson (1999, p. 213), então, diferencia: "O que ordinariamente chamamos um fato não é a realidade tal qual apareceria a uma intuição imediata, mas uma adaptação do real aos interesses da pátria e às exigências da vida social".

A realidade apreendida é definida ainda por ele como a realidade do eu:

> Há uma realidade, ao menos, que todos aprendemos de dentro por intuição e não por simples análise. É nossa própria pessoa em seu fluir através do tempo. É nosso eu que dura. Podemos não simpatizar intelectualmente, ou melhor, espiritualmente, com nenhuma outra coisa. Mas simpatizamos, seguramente, conosco mesmos. (1979, p. 15)

E essa realidade não pode ser compreendida conceitualmente, que é apenas como a inteligência pode e sabe agir. Assim, Bergson (p. 19) busca mostrar

> que nossa duração pode ser-nos apresentada diretamente na intuição, que pode ser sugerida indiretamente por imagens, mas que não poderá – se tomarmos a palavra conceito em seu sentido próprio – encerrar-se em uma representação conceitual.

O conhecimento artístico, quando usa da intuição, pode chegar, por sua vez, ao conhecimento da profundidade que a inteligência jamais será capaz de alcançar: pressuposto bergsoniano, mas, também, pressuposto proustiano. Afinal, a criação artística, para Proust (1986, p. 384), deve realizar-se no que ele chama de "sentido de profundidade". E é nesse sentido, igualmente, que a intuição bergsoniana atua.

Bergson (1978, p. 39) descreve como a intuição age sobre o artista: "Ele foi arrebatado de repente a algo que parece ao mesmo tempo único e peculiar, que procurará em seguida exibir-se bem ou mal em conceitos múltiplos e vulgares, dados de antemão em palavras". Toda criação literária autêntica é para ele, portanto, necessariamente original e intuitiva, ficando implícito ser a criação literária, desde que se utilize da intuição, um caminho rumo ao conhecimento tão válido quanto o caminho filosófico. É o que Johanson (2005, p. 74) relata em relação à questão estética em Bergson: "Os trabalhos do filósofo e o do escritor possuem uma raiz comum que é a intuição. No plano do fazer, é a linguagem que o filósofo e o escritor põem a serviço do conhecimento".

O caminho do conhecimento, para Bergson, é também a memória, e Proust (1988a, p. 59) descreve como essa funciona:

Nesse grande brinquedo de esconder que se desenrola na memória quando queremos encontrar seu nome, não há uma série de aproximações graduadas. Não se vê nada e, depois, de súbito, aparece o nome exato e muito diferente daquele que veio até nós.

A memória não atua, portanto, a partir do conhecimento racional do passado, e sim a partir de iluminações: momentos e intuições que resgatam o que a razão é incapaz de trazer de volta. E o passado, para Proust (1986, p. 172), deve ser resgatado no que foi esquecido:

> Graças tão somente a esse olvido é que podemos de tempos a tempos reencontrar o ser que fomos, colocarmo-nos perante as coisas como o estava aquele ser, sofrer de novo porque não mais somos nós, mas ele, e porque ele amava o que nos é agora indiferente.

A memória intuitiva é superior, portanto, à memória racional, e também Bergson define a existência dessa superioridade.

Bergson (1999, p. 276) acentua: "A memória é algo diferente de uma função do cérebro, e não há uma diferença de grau, mas de natureza entre a percepção e a lembrança". E como tal diferença é definida por ele? Ela é definida em termos de autonomia da memória em relação à matéria que determina e, portanto, prende a percepção. Bergson (p. 77) relata:

> Uma vez que a percepção pura nos dá o todo ou ao menos o essencial da matéria, e uma vez que o restante vem da memória e se acrescenta à matéria, é preciso que a memória seja, em princípio, um poder absolutamente independente da matéria.

E é, na perspectiva bergsoniana, o que de fato ocorre.

Mas a memória não é definida como entidade estanque e isolada perante a consciência. É a partir de dentro, em seu interior, que todos os dados, racionais, emotivos e intuitivos se interpenetram, e é a partir de sua existência que a consciência pode também existir: consciência do que existe, mas que, para tal, também precisa ser consciência do que existiu. Bergson (1979, p. 71) nos diz:

> À memória pode faltar amplitude; ela pode abarcar apenas uma parte ínfima do passado; ela pode reter apenas o que acaba de acontecer; mas a memória existe, ou então não existe consciência. Uma consciência que não conservasse nada de seu passado, que se esquecesse sem cessar de si própria, pereceria e renasceria a cada instante; como definir de outra forma a inconsciência?

E ressalta:

> Para criar o futuro, é preciso que algo dele seja preparado no presente, como a preparação do que será só pode ser efetuada utilizando o que já foi, a vida se empenha desde o começo em conservar o passado e antecipar o futuro em uma duração em que passado, presente e futuro penetram um no outro e formam uma continuidade indivisa: essa memória e essa antecipação são, como vimos, a própria consciência. (p. 75)

A memória, portanto, faz parte da consciência, em vez de se isolar dessa, no que Bergson (p. 108) relata:

> Somente pelo fato de se realizar, o acontecimento projeta atrás de si uma sombra no passado indefinidamente longínquo; parece, assim, haver preexistido, sob a forma de possível, à sua própria realização.

A matéria-prima da memória, finalmente, é a lembrança, e o autor (1999, p. 155) define os tipos de lembranças existentes:

> Distinguimos três termos: a lembrança pura, a lembrança-imagem e a percepção, dos quais nenhum se produz na realidade,

isoladamente. A percepção não é, jamais, um simples contato do espírito com o objeto presente, está inteiramente impregnada das lembranças-imagens que a completam, interpretando-a.

E aponta:

A lembrança atualizada em imagem difere profundamente dessa lembrança pura. A imagem é um estado presente, e só pode participar do passado por meio da lembrança da qual ela saiu. A lembrança, ao contrário, impotente enquanto permanecer inútil, não se mistura com a sensação e não se vincula ao presente, sendo, portanto, inextensiva. (p. 164)

O tempo, na obra de Proust, surge não como uma entidade newtoniana, ou seja, absoluta, mas como uma entidade einsteiniana, isto é, relativa, uma vez que sua dimensão muda a partir da perspectiva de quem o observa. Assim, Proust (1988b, p. 375) relata: "As gentes dos tempos passados nos parecem infinitamente longe de nós".

Esse é também o olhar sobre o tempo elaborado por Bergson, que toma a Teoria da Relatividade, que ele busca explicar longamente, como apoio para sua própria teoria, buscando demonstrar a partir daí como o conceito de duração por ele construído escapa à física newtoniana, atuando como uma espécie de expressão filosófica do relativismo einsteiniano. E, de fato, um pressuposto básico desse relativismo é retomado, quando Bergson (1999, p. 75) afirma: "As questões relativas ao sujeito e ao objeto, à sua distinção e à sua união, devem ser colocadas mais em função do tempo que do espaço".

Bergson, segundo Moutsopoulos (1991, p. 92), aponta o condicionamento da consciência pelo conceito newtoniano de temporalidade. E a tentativa de efetuar um processo de descondicionamento da consciência surge nítida em sua obra quando, em seu estudo sobre a Teoria da Relatividade, Bergson (2006, p. 199) conclui:

> Envelhecimento e duração pertencem à ordem da qualidade. Nenhum esforço de análise irá resolvê-los em quantidade pura. A coisa aqui permanece distinta de sua medida, a qual, aliás, aplica-se antes a um Espaço representativo do Tempo do que ao próprio Tempo.

A consciência, para ele (1979, p. 71), atua a partir do passado e do futuro: "Reter o que já não é, antecipar o que ainda não é, eis a primeira função da consciência. Não haveria para ela o presente se ele se reduzisse ao instante matemático". E ele ressalta:

> Como, para criar o futuro, é preciso que algo dele seja preparado no presente, como a preparação do que será só pode ser efetuada utilizando o que já foi, a vida se empenha desde o começo em conservar o passado e antecipar o futuro em uma duração em que passado, presente e futuro penetram um no outro e formam uma continuidade indivisa. (p. 75)

Não cabe ao cérebro, contudo, o desempenho dessa função devido a limitações que Bergson (p. 15) nos diz: "Tal é a função do cérebro na operação da memória; ele não serve para conservar o passado, mas primeiramente para velá-lo, depois para deixar transparecer o que é praticamente útil". Ao operar apenas sobre o imóvel, a inteligência deixa escapar sua duração real: é o que Bergson, assim como Proust, também o faria, define como sua limitação.

Proust (1979, p. 31) ressalta em relação ao passado: "Trabalho inútil procurar evocá-lo, todos os esforços da nossa inteligência permanecem inúteis". Não cabe à inteligência, portanto, o desempenho de uma função para a qual ela não se encontra capacitada, e Proust (1992, p. 185) define os limites da inteligência: "As razões estão em plano mais profundo, que não percebemos, e engendram, aliás, outros atos que não aqueles que conhecemos, às vezes em absoluta contradição com esses". Mas Proust (1992, p. 13) não deixa de descrever, igualmente, o papel a ser desempenhado por ela:

> É a vida que, pouco a pouco, e caso por caso, permite-nos observar que o mais importante para o coração ou para o espírito não nos é ensinado pelo raciocínio, mas por outros poderes. Então, a própria inteligência, ao se dar conta da superioridade destes últimos, abdica diante deles, pelo raciocínio, e aceita converter-se e ser colaboradora e criada.

Também na relação entre o instinto e o pensamento tal qual delineado na obra bergsoniana cabe a esta um papel subordinado, no qual Bergson (1978, p. 107), assim, descreve:

> Devemos sempre ter em mente que o domínio da vida é essencialmente o do instinto, que em certa linha de evolução o instinto cedeu uma parte de seu lugar à inteligência, que uma perturbação da vida pode dar-se e que a natureza não tem outro recurso senão contrapor a inteligência à inteligência.

Já na vida do *homo faber*, ou seja, do homem imerso no cotidiano e voltado para a fabricação e o uso de instrumentos materiais, inteligência e instinto se equivalem e se completam. Bergson (2005, p. 151), então, acentua em relação ao *homo faber*:

> Tudo somado, a inteligência, considerada no que parece ser sua manobra original, é a faculdade de fabricar objetos artificiais, em particular utensílios para fazer utensílios, e variar indefinidamente sua fabricação.

E diferencia: "O instinto acabado é uma faculdade de utilizar e mesmo de construir instrumentos organizados; a inteligência acabada é a faculdade de fabricar instrumentos inorganizados" (p. 152). Por fim, Bergson (p. 155) diz: "Instinto e inteligência representam, dessa maneira, duas soluções divergentes, igualmente elegantes, de um único e mesmo problema" (p. 155). Mas ele vê tal solução como uma alternativa nitidamente inferior perante a intuição, por passar ao largo da duração real, que não é, afinal, na perspectiva bergsoniana, a temporalidade vivenciada no cotidiano.

Entre a inteligência e o instinto, portanto, mas superior a ambos, reside e atua a intuição. Bergson (p. 164), então, nos diz: "Há coisas que apenas a inteligência é capaz de procurar, mas que, por si mesma, não encontrará nunca. Essas coisas apenas o instinto as encontraria; mas não as procurará nunca". E tais coisas apenas o conhecimento intuitivo pode encontrar, a partir de uma distinção que Bergson (1999, p. 6) salienta:

> De maneira geral, o estado psicológico nos parece, na maioria dos casos, ultrapassar enormemente o estado cerebral. Quero dizer que o estado cerebral indica apenas uma pequena parte dele, aquela capaz de traduzir-se por movimentos de locomoção.

E, desse espaço psicológico, fazem parte dimensões que a inteligência não consegue abarcar nem compreender: a dimensão religiosa, instintiva, intuitiva e metafísica, cada uma com sua concepção peculiar do tempo.

Também a dimensão religiosa do conhecimento é reconhecida e valorizada por ele, mas o que ele valoriza, acima de tudo, não é a dimensão ritual, mágica ou institucional da religião, embora se dedique ao estudo também destas, o que lhe interessa, principalmente como forma intuitiva de apreensão da realidade, é a dimensão mística.

E Bergson (1978, p. 165) reforça:

> A história é conhecimento, a religião é sobretudo ação: ela não diz respeito ao conhecimento, salvo à medida que uma representação intelectual for necessária para contornar o perigo de certa intelectualidade.

Mas a ação religiosa, para ser válida, deve ser antes de tudo mística, com o autor atribuindo a ela, e de forma crescente em sua obra, uma dimensão que Prado Júnior (1988, p. 210) assinala: "A intuição mística passa a ser a consciência do nascimento e da gênese da totalidade das coisas, visão, em Deus, da criação do Universo".

Com isso, a intuição mística ganha uma importância que Bergson (1978, p. 211) salienta:

> Mas não cansamos de repetir que a certeza filosófica comporta graus, que apela para a intuição ao mesmo tempo que para o raciocínio, e que se a intuição junto à ciência é suscetível de ser estendida, isso só pode se dar pela intuição mística.

E afirma em relação aos místicos: "Eles desvendaram outra via que outros homens poderão palmilhar. Por isso mesmo, indicaram ao filósofo o lugar de onde vinha e para onde ia a vida". Para Bergson, enfim, os místicos apontam o caminho a ser seguido, principalmente pela filosofia. Trata-se de uma última etapa de seu pensamento: uma etapa mística.

Tal importância já estava pressuposta, contudo, na importância específica por ele atribuída à metafísica. Bergson diferencia o conhecimento filosófico embasado na relação e comparação obtidas através do tempo compartimentalizado do conhecimento metafísico embasado na simpatia para com o objeto e obtido pela chamada duração real. A partir dela, a dimensão do tempo presente na metafísica bergsoniana ganha um sentido assinalado por Arêas (2003, p. 130):

> Ela liberta um pensamento-tempo para além dos registros espaciais da experiência e da inteligência; por isso, a dimensão propriamente metafísica não pode mais ser pensada *subespécie aeternitas*, nem pode confundir-se com a pesquisa de um substrato estável qualquer.

E ela deve desempenhar, ainda, um objetivo sublinhado por Ricoeur (2007, p. 67):

> A metafísica de *Matéria e memória* se propõe precisamente a recompor, de maneira sistemática, a relação entre a ação, cujo centro é o cérebro, e a representação pura que basta a si mesma em virtude da persistência do direito de lembrança das impressões primordiais.

Para Bergson, todas as dimensões do conhecimento que atuam para além da inteligência concebem e estruturam o tempo para além da temporalidade e das medições definidas pelo relógio e pelo calendário, sendo precisamente esse tempo indeterminado, relativo, atemporal, que interessa tanto a ele quanto a Proust. E que, para ambos, é o tempo verdadeiro.

Proust (1988a, p. 345) descreve em relação à medição do tempo: "É que em geral, quanto mais curto é o tempo que nos separa do que temos em vista, mais longo nos parece, porque lhes aplicamos medidas mais breves, ou simplesmente porque pensamos em medi-lo". O tempo possui, portanto, uma dimensão psicológica que pouco se assemelha com sua medição formal, devendo ser compreendido essencialmente a partir dessa dimensão, que é, aliás, o que o autor se empenha em fazer ao longo do *Em busca do tempo perdido*.

Já para Bergson, a medição do tempo desempenha uma função meramente utilitária, ou seja, serve para que o tempo possa ser contado, viabilizando sua utilização no cotidiano. Tal contagem tem pouco a ver, contudo, com sua duração real, isto é, com o tempo verdadeiro. Afinal, se tal medição visa determinar o tempo, Bergson (2006b, p. 105), por seu turno, indaga: "A existência do tempo não provaria que há indeterminação nas coisas? O tempo não seria exatamente essa indeterminação"? E, ainda segundo ele (2006a, p. 57), "quer o deixássemos em nós ou o puséssemos fora de nós, o tempo que dura não é mensurável".

O tempo é indeterminado e o tempo que dura, ou seja, o tempo real, não é mensurável nem perceptível pela razão, no que Silva (1994, p. 144) assinala:

> A descrição básica que Bergson dá do movimento como maneira de identificar o objeto no espaço e no tempo tem a finalidade de constituir um modelo simplificado em que se mostra que a ciência não leva em conta a mobilidade ou o fluxo temporal, ignorando completamente a qualidade irredutível do intervalo como duração específica.

E Bergson (2005, p. 365), efetivamente, salienta:

> A ciência não tem nenhum signo para expressar aquilo que na sucessão e na duração impressiona nossa consciência. Aplica-se tão pouco ao devir, no que este tem de movente, quanto seguem a água que escoa sob seus arcos as pontes lançadas de longe em longe sobre o rio.

Mas, se é assim que a ciência se posiciona ou deve se posicionar perante o tempo, qual função cabe a ela desempenhar? Para Bergson, segundo Prado Júnior (1988, p. 75), "a ciência é definida pela sua instrumentalidade – mola de inserção do *homo faber* no seio do mundo material". Reafirma-se, assim, o papel secundário e subordinado que cabe à razão no pensamento bergsoniano.

Silva (1994, p. 177) acentua o papel atribuído por Bergson ao filósofo: "Cabe a ele contribuir para o acúmulo de resultados que constituem um acervo coletivo, impessoal, de verdades definitivamente conquistadas". No desempenho desse papel, se a ciência deve, por natureza, manter-se fiel aos caminhos da razão, à filosofia cabe descobrir novos caminhos e, com isso, inverter os caminhos já existentes em busca da apreensão da duração real, que pode ser definida como o supremo projeto filosófico bergsoniano.

Bergson (1979, p. 32) reforça: "Filosofar consiste em reverter a marcha habitual do trabalho do pensamento". E, uma vez efetuada tal reversão, o conhecimento filosófico surgiria como uma promessa assim descrita por ele (p. 68):

> As satisfações que a arte somente fornecerá a privilegiados pela natureza e pela fortuna, e apenas de vez em quando, a filosofia assim entendida oferecerá a todos em todos os momentos, reinsuflando a vida nos fantasmas que nos rodeiam e revivendo a nós mesmos.

Ciência e filosofia não são, porém, definidas como excludentes, e Bergson (1979, p. 65) busca definir o espaço a ser ocupado por cada uma:

> Não haveria lugar para duas maneiras de conhecer filosofia e ciência, se a experiência não se apresentasse a nós sob dois aspectos diferentes: de um lado, sob forma de fatos que se justapõem a fatos, que quase se repetem, e se medem uns pelos outros, desenvolvem-se, enfim, no sentido da multiplicidade distinta e da espacialidade; de outro, a forma de uma penetração recíproca que é pura duração, refratária à lei e à medida.

Mas a filosofia deve buscar um novo caminho, livre das fórmulas e convenções e vinculado à interioridade, ou seja, ao espaço no qual transcorre a duração. Esse é, em síntese, o que Bergson (p. 151) define como método a ser utilizado:

> Nossa iniciação no verdadeiro método filosófico data do dia em que rejeitamos as soluções verbais, tendo encontrado na vida interior um primeiro campo de experiência. Todo o progresso posterior foi um alargamento desse campo.

É o método verdadeiro por ser o único capaz de aproximar o filósofo do tempo real, apreensível por uma intuição que, enfim, tornar-se-ia filosófica. É o método verdadeiro porque, uma vez transformada em intuição, a filosofia deixaria de ser discurso. E o método verdadeiro porque agora, finalmente, a filosofia integrar-se-ia na totalidade representada pela duração real, no que Bergson (2005, p. 209) reforça:

> Incessantemente aspiramos algo desse oceano de vida no qual estamos imersos e sentimos que nosso ser, ou pelo menos a inteligência que o guia, nele se formou por uma espécie de solidificação local. A filosofia só pode ser um esforço para fundir-se novamente no todo.

Há uma dualidade que estrutura todo o pensamento do autor, mas esta não se dá necessariamente entre o espírito e a matéria, uma vez que a interação entre ambas, na perspectiva bergsoniana, é antes complementar que antagônica. Bergson (1999, p. 291), então, assinala: "O espírito retira da matéria as percepções que serão seu alimento, e as devolve na forma de movimento, em que imprimiu sua liberdade". E, da mesma forma, a dualidade bergsoniana fundamental, como diz Gouhier (1980, p. 93), não se dá entre o ser e a aparência, mas entre o que dura e o que não dura, sendo que (p. 91), a duração implica a ideia de permanência e persistência.

É possível, de fato, a partir da distinção efetuada por Bergson, ver a duração como o tempo que permanece em oposição ao que apenas persiste, e a aplicação da distinção bergsoniana entre tempo e duração pressupõem, ainda, uma separação entre a duração, de um lado, e a realidade objetiva, de outro. Bergson (1979, p. 114), então, diferencia:

> A intuição de que falamos refere-se sobretudo à duração interior. Ela aprende uma sucessão que não é justaposição, um crescimento por dentro, o prolongamento ininterrupto do passado em um presente que penetra no futuro.

E acrescenta:

> A inteligência parte ordinariamente do imóvel e reconstrói bem ou mal o movimento com imobilidade justapostas. A intuição parte do movimento, coloca, ou melhor, percebe-o como a realidade mesma, e não vê na imobilidade mais que um movimento abstrato, um instantâneo tomado por nosso espírito na mobilidade. (p. 115)

Por fim, ele define seu projeto: "Libertemos o espírito do espaço que o aprisiona, da materialidade que ele se dá para agir sobre a matéria: nós o devolveremos a si mesmo e nós o apreenderemos imediatamente" (p. 122). E essa liberdade, em suma, é para o autor o objetivo a ser alcançado.

Referências

ADVERSE, Helton. *Maquiavel: política e retórica*. Belo Horizonte: Editora UFMG, 2009.

AGAMBEN, Giorgio. *Infância e história: destruição da experiência e origem da história*. Belo Horizonte: Editora UFMG, 2005.

ALAIN. *Ideias*. São Paulo: Martins Fontes, 1993.

ALMEIDA, Maria Cândida Ferreira de. Palavras em viagem: um estudo dos relatos de viagem medievais muçulmanos e cristãos. *Afro-Ásia*, n. 32. Salvador: Edufba, 2005.

ALQUIÉ, Ferdinand. *Le désir d'éternité*. Paris: Presses Universitaires de France, 1996.

ALVIM, Márcia Helena. O sistema calendárico dos mexicas pré-hispânicos nos escritos sahaguntianos. *Revista da Sociedade Brasileira de História da Ciência*, v. 3, n. 1. Rio de Janeiro: Sociedade Brasileira de História da Ciência, 2005.

ANDRÉS-GALLEGO, José. *História de gente pouco importante: América e Europa até 1789*. Lisboa: Estampa, 1993.

ANDRIES, Lise. Almanaques: revolucionando um gênero tradicional. *In*: DARNTON, Robert; ROCHE, Daniel (Org.). *A revolução impressa: a imprensa na França (1775-1800)*. São Paulo: Editora Unesp, 1996.

ARÊAS, James Bastos. Bergson: a metafísica do tempo. *In*: DOCTORS, Márcio (Org.). *Tempo dos tempos*. Rio de Janeiro: Zahar, 2003.

ARENDT, Hannah. *Entre o passado e o futuro*. São Paulo: Perspectiva, 1972.

_____. *A condição humana*. Rio de Janeiro/São Paulo: Forense Universitária/Salamandra/Edusp, 1981.

_____. *Da revolução*. São Paulo: Ática, 1990.

_____. *Diário filosófico, 1950-1973*. Barcelona: Herder, 2006.

ARIÈS, Phillipe. *História social da criança e da família*. Rio de Janeiro: Guanabara Koogan, 1981.

_____. *O tempo na história*. Rio de Janeiro: Francisco Alves, 1989.

ASKIN, Iakov F. *O problema do tempo*. Rio de Janeiro: Paz e Terra, 1969.

_____. Le concept philosophique de temps. *In*: RICOEUR, Paul *et al*. *Les temps et les philosophies*. Paris: Payot/Unesco, 1978.

BACHELARD, Gaston. *A poética do espaço*. São Paulo: Abril Cultural, 1978.

_____. *A dialética da duração*. São Paulo: Ática, 1994.

BAKHTIN, Mikhail. *Questões de literatura e de estética (a teoria do romance)*. São Paulo: Hucitec/Editora Unesp, 1998.

BALANDIER, Georges. *Antropo-lógicas*. São Paulo: Cultrix/ Edusp, 1976.

_____. *Le désordre: éloge du mouvement*. Paris: Fayard, 1988.

BARBOSA FILHO, Balthasar. Saber, fazer e tempo: uma nota sobre Aristóteles. In: MARQUES, Edgar R. *et al.* (Org.) *Verdade, conhecimento e ação: ensaios em homenagem a Guido Antonio de Almeida e Raul Landim filho*. São Paulo: Loyola, 1999.

BAUDELAIRE, Charles. *As flores do mal*. Rio de Janeiro: Nova Fronteira, 1985.

_____. *Pequenos poemas em prosa*. Rio de Janeiro: Record, 2006.

BEAINI, Thais Curi. *Máscaras do tempo*. Petrópolis: Vozes, 1994.

BENJAMIN, Walter. *Magia e técnica, arte e política*. São Paulo: Brasiliense, 1994.

_____. *Passagens*. Belo Horizonte/São Paulo: Editora UFMG/ Imprensa Oficial do Estado de São Paulo, 2006.

BERGEL, Lienhard. La Scienza Nuova de Vico et le probléme de la décadence. *Archives de Philosophie*, t. 40, c. 2. Paris: Centre National de La Recherche Scientifique, 1977.

BERGSON, Henri. *As duas fontes da moral e da religião*. Rio de Janeiro: Zahar, 1978.

_____. *Cartas, conferências e outros escritos*. São Paulo: Abril Cultural, 1979.

_____. *Matéria e memória: ensaio sobre a relação do corpo com o espírito*. São Paulo: Martins Fontes, 1999.

_____. *A evolução criadora*. São Paulo: Martins Fontes, 2005.

_____. *Duração e simultaneidade*. São Paulo: Martins Fontes, 2006a.

BERGSON, Henri. *O pensamento e o movente*. São Paulo: Martins Fontes, 2006b.

BLOCH, Marc. *A sociedade feudal*. Lisboa: Edições 70, 1979.

BLOCH, Maurice. The past and the present in the present. *Man*, v. 12, n. 1-2. Londres: Royal Anthropological Institute, 1977.

BORGES, Jorge Luis. *O aleph*. Porto Alegre: Globo, 1985.

BORNHEIM, Gerd. *Sartre*. São Paulo: Perspectiva, 1971.

_____. A concepção do tempo: os prenúncios. *In*: DOCTORS, Márcio (Org.). *Tempo dos tempos*. Rio de Janeiro: Zahar, 2003.

BOSI, Alfredo. O tempo e os tempos. *In*: NOVAES, Adauto (Org.). *Tempo e história*. São Paulo: Companhia das Letras, 1996.

_____. *Ideologia e contraideologia: temas e variações*. São Paulo: Companhia das Letras, 2010.

BOUTANG, Pierre. *Le temps: essai sur l'origine*. Paris: Hatier, 1993.

BRAUDEL, Fernand. *Gramática das civilizações*. São Paulo: Martins Fontes, 2004.

BRECHT, Bertolt. *Poemas*. Tradução: Paulo Cesar Souza. São Paulo: Brasiliense, 1986.

BRETONE, Mario. *História do direito romano*. Lisboa: Estampa, 1990.

BURKE, Peter. *Vico*. São Paulo: Editora Unesp, 1997.

_____. *História e teoria social*. São Paulo: Editora Unesp, 2002.

BURKERT, Walter. *Religião grega na época clássica e arcaica*. Lisboa: Fundação Calouste Gulbenkian, 1993.

BUSSANICH, John. Plotinus's metaphysics of the One. *In*: GERSON, Lloyd P. (Ed.). *The Cambridge companion to Plotinus*. Cambridge: Cambridge University Press, 1996.

CABRERA, Antonio Penta. El tiempo en la Antigüedad y en la época moderna. *Dianoia*, v. 31. Cidade do México: Fondo de Cultura Económica, 1985.

CANFORA, Luciano. O cidadão. *In*: VERNANT, Jean-Pierre (Dir.). *O homem grego*. Lisboa: Presença, 1994.

CANHÃO, Telo Ferreira. O calendário egípcio: origem, estrutura e sobrevivências. *Cultura*, v. 23, 2ª série. Lisboa: Centro de História da Cultura, 2006.

CARCOPINO, Jérome. *Julio Cesar: el proceso clasico de la concentración del poder*. Madri: RIALP, 1974.

CAROLINO, Luís Miguel. *Ciência, astrologia e sociedade: a teoria da influência celeste em Portugal (1593-1755)*. Lisboa: Fundação Calouste Gulbenkian, 2003.

CARPEAUX, Otto Maria. *História da literatura ocidental*. Rio de Janeiro: Alhambra, 1978.

CASSIRER, Ernst. *Ensaio sobre o homem: introdução a uma filosofia da cultura humana*. São Paulo: Martins Fontes, 2001.

CASTORIADIS, Cornelius. *A instituição imaginária da sociedade*. Rio de Janeiro: Paz e Terra, 1991.

CERVANTES, Miguel de. *Dom Quixote de La Mancha*. São Paulo: Abril Cultural, 1981.

COHN, Norman. *Cosmos, caos e o mundo que virá: as origens das crenças no Apocalipse*. São Paulo: Companhia das Letras, 1996.

COMTE-SPONVILLE, André. *O ser-tempo: algumas reflexões sobre o tempo da consciência*. São Paulo: Martins Fontes, 2006.

CONRAD-MARTIUS, Hedwig. *El tiempo*. Madri: Revista de Occidente, 1958.

COOPER, Gene. Life-cycle rituals in Dongyang County: time, affinity, and exchange in rural China. *Ethnology*, v. 27, n. 4. Pittsburgh: University of Pittsburgh, 1998.

COSTA, Emilia Viotti da. *Coroas de glória, lágrimas de sangue: a rebelião dos escravos de Demerara em 1823*. São Paulo: Companhia das Letras, 1998.

CRUMP, Thomas. *The anthropology of numbers*. Cambridge: Cambridge University Press, 1990.

CRUSEMANN, Frank. *A Torá: teologia e história social da lei do Antigo Testamento*. Petrópolis: Vozes, 2001.

CURTIUS, Ernst Robert. *Literatura europeia e Idade Média Latina*. São Paulo: Edusp/Hucitec, 1996.

CURTO, Diogo Ramada. *Cultura imperial e projetos coloniais: séculos XV a XVIII*. Campinas: Editora Unicamp, 2009.

CUSA, Nicolau de. *A visão de Deus*. Lisboa: Fundação Calouste Gulbenkian, 1988.

_____. *A douta ignorância*. Porto Alegre: EdiPUCRS, 2002.

DAVIS, Natalie Zemon. *Culturas do povo: sociedade e cultura no início da França moderna*. Rio de Janeiro: Paz e Terra, 1990.

DEBORD, Guy. *A sociedade do espetáculo*. Rio de Janeiro: Contraponto, 1997.

DELORT, Robert. *La vie au Moyen Age*. Lausana: Edita, 1972.

DELUMEAU, Jean. *História do medo no Ocidente*. São Paulo: Companhia das Letras, 1990.

_____. *A civilização do Renascimento*. Lisboa: Estampa, 1994.

_____. *O que sobrou do paraíso?* São Paulo: Companhia das Letras, 2003.

DOMINGUES, Ivan. *O fio e a trama: reflexões sobre o tempo e a história.* São Paulo/Belo Horizonte: Iluminuras/Editora UFMG, 1996.

DUBOIS, Claude-Gilbert. *O imaginário da Renascença.* Brasília: Editora UnB, 1995.

DUBY, Georges. *A história continua.* Rio de Janeiro: Zahar/ Editora UFRJ, 1993.

DUMONT, Louis. *Homo hierarchicus: o sistema das castas e suas implicações.* São Paulo: Edusp, 1992.

DUNCAN, David Ewing. *Calendário: a epopeia da humanidade para determinar um ano verdadeiro e exato.* Rio de Janeiro: Ediouro, 1999.

DURAND, Gilbert. *A fé do sapateiro.* Brasília: Editora UnB, 1995.

EDMONSON, Munro S. The Mayan calendar reform of 11.16.0.0.0. *Current Anthropology*, v. 16. Chicago: University of Chicago Press, 1976.

EICKELMAN, Dale F. Time in a complex society: a moroccan example. *Ethnology*, v. 16, n. 1. Pittsburgh: University of Pittsburgh, 1977.

ELIADE, Mircea. *História das crenças e das ideias religiosas.* Rio de Janeiro: Zahar, 1984.

_____. *Mito e realidade.* São Paulo: Perspectiva, 1972.

_____. *O mito do eterno retorno.* Lisboa: Edições 70, 1993.

_____. *O sagrado e o profano: a essência das religiões.* Lisboa: Livros do Brasil, 1977.

_____. *Patterns in comparative religion.* Cleveland/Nova Iorque: Meridian Books, 1958.

_____. *Tratado de história das religiões.* São Paulo: Martins Fontes, 1998.

ELIAS, Norbert. *Sobre o tempo*. Rio de Janeiro: Zahar, 1998.

ESPINOSA, Baruch de. *Pensamentos metafísicos*. São Paulo: Abril Cultural, 1979.

EVANS-PRITCHARD, E. E. *Os nuer: uma descrição do modo de subsistência e das instituições políticas de um povo nilota*. São Paulo: Perspectiva, 1978.

FABIAN, Johannes. *Time and the other: how anthropology makes its object*. Nova Iorque: Columbia University Press, 2002.

FEBVRE, Lucien. *O problema da incredulidade no século XVI: a religião de Rabelais*. São Paulo: Companhia das Letras, 2009.

FEHRENBACH, T. B. *Fire and blood: a history of Mexico*. Nova Iorque: Da Capo Press, 1995.

FERNANDEZ, Javier; TREBOLLE, Julio; ABUMALHAM, Montserrat. Tiempo e historia en la tradición bíblica, judía e islámica. *In*: MATE, Reyes (Org.). *Filosofía de la historia*. Madri: Trotta, 1993.

FIRTH, Raymond. *Nós, os Tikopia: um estudo sociológico do parentesco na Polinésia Primitiva*. São Paulo: Edusp, 1998.

FOSSIER, Robert. Terra. *In*: LE GOFF, Jacques; SCHMITT, Jean-Claude (Org.). *Dicionário temático do Ocidente Medieval*. Bauru/ São Paulo: Edusc/Imprensa Oficial, 2002.

FRAKE, Charles O. Cognitive maps of time and tide among medieval seafarers. *Man,* v. 20, n. 2. Londres: Royal Anthropological Institute, 1985.

GADAMER, Hans-Georg. L'expérience intérieure du temps et l'échec de la réflexion dans la pensée ocidentale. *In*: RICOEUR, Paul *et al. Les temps et les philosophies*. Paris: Payot/Unesco, 1978.

GEERTZ, Clifford. *A interpretação das culturas*. Rio de Janeiro: Zahar, 1978.

GERSON, Lloyd P. *Plotinus*. Londres: Routledge, 2010.

GIDDENS, Anthony. *A constituição da sociedade*. São Paulo: Martins Fontes, 1989.

GODINHO, Vitorino Magalhães. *Os descobrimentos e a economia mundial*. Lisboa: Presença, 1991.

GOLDSCHMIDT, Victor. *Le système stoicien et l'idée de temps*. Paris: J. Vrin, 1959.

GOODY, Jack. *The theft of history*. Cambridge: Cambridge University Press, 1999.

GOUHIER, Henri. *Études sur l'histoire des idées en France depuis le XVIIe siécle*. Paris: J. Vrin. 1980.

GRANET, Marcel. *El pensamiento chino*. Cidade do México: Uteha, 1959.

GRIMALDI, Nicolas. *Le désir et le temps*. Paris: J. Vrin, 1992.

GRUZINSKI, Serge. *A colonização do imaginário: sociedades indígenas e ocidentalização no México espanhol. Séculos XVI-XVIII*. São Paulo: Companhia das Letras, 2003.

GUITTON, Jean. *Justification du temps*. Paris: Presses Universitaires de France, 1966.

_____. *Le temps et l'éternité chez Plotin et Saint Augustine*. Paris: J. Vrin, 1959.

GUREVICH, Aron Iakovlevich. *Les categories de la culture medieval*. Paris: Gallimard, 1983.

_____. *Medieval popular culture: problems of belief and perception*. Cambridge: Cambridge University Press, 1988.

GUTHRIE, W. K. C. *Orpheus and Greek religion: a study of the orphic movement.* Princeton: Princeton University Press, 1993.

HALE, J. R. *A Europa durante o Renascimento, 1480-1520.* Lisboa: Presença, 1983.

HAMA, Boubou. Le devin. Temps et histoire dans la pensée animiste de l'Afrique Noire. *In*: RICOEUR, Paul *et al. Les temps et les philosophies.* Paris: Payot/Unesco, 1978.

HAMMAN, A.-G. *A vida cotidiana dos primeiros cristãos (95-197).* São Paulo: Paulus, 1997.

HANNAH, Robert. *Time in Antiquity.* Londres: Routledge, 2009.

HARRISON, Mark. The ordering of the urban environment: time, work and the occurrence of crowds, 1790-1835. *Past & Present, n. 110.* Oxford: The Past & Present Society, 1986.

HASNAOUI, Ahmed. De quelques acceptions du temps dans la philosophie arabo-musulmane. *In*: RICOEUR, Paul *et al. Les temps et les philosophies.* Paris: Payot/Unesco, 1978.

HEGEL, G. W. F. *Enciclopédia das ciências filosóficas em compêndio: 1830.* São Paulo: Loyola, 1997.

HIGGINS, Anne. Medieval notions of the structure of time. *The Journal of Medieval and Renaissance Studies,* v. 19, n. 2. Durham: Duke University Press, 1989.

HILL, Donald R. & al-HASSAN, Ahmad Y. *Islamic technology: an illustrated history.* Cambridge: Cambridge University Press, 1986.

HOBSBAWM, ERIC. *Sobre História.* São Paulo: Companhia das Letras, 1998.

HOLANDA, Sérgio Buarque de. *Visão do Paraíso: os motivos edênicos no descobrimento e colonização do Brasil.* São Paulo: Nacional, 1977.

IMBELLONI, J. *Concepto y praxis del folkolre como ciencia.* Buenos Aires: Humanior, 1943.

JOHANSON, Izilda. *Arte e intuição: a questão estética em Bergson.* São Paulo: Humanitas/FFLCH/USP/FAPESP, 2005.

KANT, Immanuel. *Crítica da razão pura.* São Paulo: Abril Cultural, 1980.

KANTOROWICZ, Ernst Hartwig. *Os dois corpos do rei: um estudo sobre teologia política medieval.* São Paulo: Companhia das Letras, 1998.

KHALDUN, Ibn. *Os prolegômenos, ou filosofia social.* São Paulo: Instituto Brasileiro de Filosofia, 1958.

KOSELLECK, Reinhart. *Futuro pasado: para una semántica de los tiempos históricos.* Barcelona: Paidós, 1993.

LADURIE, Emmanuel Le Roy. *Montaillou, povoado occitânico. 1294-1324.* São Paulo: Companhia das Letras, 1997.

LANDES, David S. *A riqueza e a pobreza das nações: por que algumas são tão ricas e outras são tão pobres.* Rio de Janeiro: Campus, 1998.

LARRE, Claude. A percepção empírica do tempo e a concepção da história no pensamento chinês. *In*: RICOEUR, Paul (Org.). *As culturas e o tempo: estudos reunidos pela Unesco.* Petrópolis/ São Paulo: Vozes/Edusp, 1975.

LEACH. E. R. Cronus and Chronos. *In*: HUGH-JONES, Stephen; LAIDLAW, James (Ed.). *The essential Edmund Leach.* New Haven/Londres: Yale University Press, 2000.

LEFEBVRE, Henri. *Lógica formal/lógica dialética.* Rio de Janeiro: Civilização Brasileira, 1975.

LE GOFF, Jacques. *Para um novo conceito de Idade Média: tempo, trabalho e cultura no Ocidente.* Lisboa: Editorial Estampa, 1993.

LE GOFF, Jacques. *História e memória*. Campinas: Unicamp, 1994.

_____. *Em busca da Idade Média*. Rio de Janeiro: Civilização Brasileira, 2005.

LEROI-GOURHAN, André. *O gesto e a palavra II. Memórias e ritmos*. Lisboa: Edições 70, 1985.

LÉVÊQUE, Pierre. *Animais, deuses e homens: o imaginário das primeiras religiões*. Lisboa: Edições 70, 1996.

LIENHARDT, Godfrey. *Antropologia social*. Rio de Janeiro: Zahar, 1965.

LLOYD, G. E. R. O tempo no pensamento grego. *In*: RICOEUR, Paul (Org.). *As culturas e o tempo: estudos reunidos pela Unesco*. Petrópolis/São Paulo: Vozes/Edusp, 1975.

LOCKE, John. *Ensaio sobre o entendimento humano*. Lisboa: Fundação Calouste Gulbenkian, 1999.

LOWITH, Karl. *De Hegel a Nietzsche*. Paris: Gallimard, 1969.

LOY, David. *Nonduality. A study in comparative philosophy*. Nova Iorque: Humanity Books, 1998.

LÚLIO, Raimundo. *O livro do gentio e dos três sábios*. Petrópolis: Vozes, 2001a.

_____. *Escritos antiaverroístas (1309-1311)*. Porto Alegre: EdiPUCRS, 2001b.

MAMMI, Lorenzo. Deus cantor. *In*: NOVAES, Adauto (Org.). *Artepensamento*. São Paulo: Companhia das Letras, 1994.

MANN, Thomas. *A montanha mágica*. São Paulo: Círculo do Livro, 1982.

MAQUIAVEL, Nicolau. *Comentários sobre a Primeira Década de Tito Lívio*. Brasília: Editora UnB, 1982.

MAQUIAVEL, Nicolau. *História de Florença*. São Paulo: Musa, 1998.

MARTIN-FUGIER, Anne. Os ritos da vida privada burguesa. *In*: PERROT, Michelle. *História da vida privada, v. 4: Da Revolução Francesa à Primeira Guerra*. São Paulo: Companhia das Letras, 1999.

MAUSS, Marcel. *Ensaios de sociologia*. São Paulo: Perspectiva, 1981.

MAZZARINO, Santo. *O fim do mundo antigo*. São Paulo: Martins Fontes, 1991.

MCLUHAN, Marshall. *Os meios de comunicação como extensões do homem*. São Paulo: Cultrix, 1974.

MEISTER ECKHART. *O livro da divina consolação e outros textos seletos*. Bragança Paulista: Editora Universitária São Francisco, 2005.

MOMIGLIANO, Arnaldo. *Ensayos de historiografía antigua y moderna*. Cidade do México: Fondo de Cultura Económica, 1993.

MOMMSEN, Theodor. *Historia de Roma*. Madri: Aguilar, 1965.

MONDOLFO, Rodolfo. *O infinito no pensamento da Antiguidade Clássica*. São Paulo: Mestre Jou, 1968.

MONTAIGNE, Michel de. *Ensaios*. São Paulo: Abril Cultural, 1972.

MOOIJ, J. J. A. *Time and mind: the history of a philosophical problem*. Leiden/Boston: Brill, 2005.

MOORE, Francis Charles Timothy. *Bergson: thinking backwards*. Cambridge: Cambridge University Press, 1996.

MORAES, João Quartim de. A investigação dialética sobre o tempo na "Física" de Aristóteles. *Manuscrito*, v. 17, n. 2. Campinas: Unicamp, 1994.

MOSSÉ, Claude. *Dicionário da civilização grega*. Rio de Janeiro: Zahar, 2004.

MOUTSOPOULOS, Evanghelos. *Kairos. La mise et l'enjeu*. Paris: J. Vrin, 1991.

NEEDHAM, Joseph. *La grán titulación: ciencia y sociedad en Oriente y Ocidente*. Madri: Alianza Editorial, 1977.

NEWTON, Isaac, Sir. *Princípios matemáticos*. São Paulo: Abril Cultural, 1979.

NIEBUHR, Reinhold. *Faith and history: christian and modern views of history*. Nova Iorque: Charles Scribner's Sons, 1949.

NIETZSCHE, Friedrich Wilhelm. *Crepúsculo dos ídolos (a filosofia a golpes de martelo)*. São Paulo: Ediouro, 1996.

_____. *Assim falava Zaratustra*. São Paulo: Ediouro, 1984.

_____. *El eterno retorno*. Madri: Aguilar, 1949.

_____. *A gaia ciência*. São Paulo: Hemus, 1981.

_____. *O Anticristo: maldição do cristianismo*. São Paulo: Clássicos Econômicos Newton, 1992.

_____. *Escritos sobre história*. Rio de Janeiro/São Paulo: PUC--RIO/Loyola, 2005.

NISBET, Robert. *História da ideia de progresso*. Brasília: Editora UnB, 1985.

NOGUEIRA, Adriana Freire. "Lá para as calendas gregas"! Calendários e cronologias na Grécia Antiga. *Cultura*, v. 23, 2ª série. Lisboa: Centro de História da Cultura, 2006.

NUNES, Benedito. Experiências do tempo. *In*: NOVAES, Adauto (Org.). *Tempo e história*. São Paulo: Companhia das Letras, 1996.

_____. *Crivo de papel*. São Paulo: Ática, 1998.

OGILVIE, R. M. *The romans and their gods*. Londres: Hogarth, 1994.

OVÍDIO. *As metamorfoses*. São Paulo: Ediouro, 1983.

PANIKKAR, Raimundo. Tempo e história na tradição da Índia. *In*: RICOEUR, Paul (Org.). *As culturas e o tempo: estudos reunidos pela Unesco*. Petrópolis/São Paulo: Vozes/Edusp, 1975.

PASCAL, Blaise. *Pensamentos*. São Paulo: Abril Cultural, 1984.

PATTARO, Germano. A concepção cristã do tempo. *In*: RICOEUR, Paul (Org.). *As culturas e o tempo: estudos reunidos pela Unesco*. Petrópolis/São Paulo: Vozes/Edusp, 1975.

PAZ, Octavio. *O labirinto da solidão e post-scriptum*. Rio de Janeiro: Paz e Terra, 1976.

_____. *O arco e a lira*. Rio de janeiro: Nova Fronteira, 1982.

PETERS, Suzanna. Uma geometria do tempo. *In*: ÁVILA, Affonso (Org.). *Barroco: teoria e estilo*. São Paulo/Belo horizonte: Perspectiva/Companhia Brasileira de Mineração e Metais, 1997.

PIETTRE, Bernard. *Filosofia e ciência do tempo*. Bauru: Edusc, 1997.

POLÍBIO. *História*. Brasília: Editora UnB, 1985.

POOLE, Robert. Give us our eleven days: calendar reform in Eighteenth Century England. *Past & Present*, n. 149. Oxford: The Past & Present Society, 1995.

PRADO JÚNIOR, Bento. *Presença e campo transcendental: consciência e negatividade na filosofia de Bergson*. São Paulo: Edusp, 1988.

PROUST, Marcel. *No caminho de Swann*. São Paulo: Abril Cultural, 1979.

_____. *A prisioneira*. Porto Alegre: Globo, 1983.

_____. *À sombra das raparigas em flor*. Porto Alegre: Globo, 1988.

PROUST, Marcel. *O caminho de Guermantes*. Porto Alegre: Globo, 1988a.

_____. *A fugitiva*. Porto Alegre: Globo, 1992.

_____. *O tempo redescoberto*. Porto Alegre: Globo, 1994.

PUCELLE, Jean. *Le temps*. Paris: PUF, 1972.

PUENTE, Fernando Rey. *O tempo*. São Paulo: WMF Martins, 2010.

QUEVEDO, Francisco de. *Obras completas*. Madri: Aguilar, 1943.

RABUSKE, Edvino A. O tempo e a eternidade. *Veritas*, n. 16. Porto Alegre: PUCRS, 1996.

RAMOS, José Augusto M. O cômputo do tempo segundo o Judaísmo. *Cultura*, v. 23, 2ª série. Lisboa: Centro de História da Cultura, 2006.

RANGER, Terence. A invenção da tradição na África colonial. *In*: HOBSBAWM, Eric; RANGER, Terence (Org.). *A invenção das tradições*. Rio de Janeiro: Paz e Terra, 1984.

REIS, José. O tempo de Platão a Plotino. *Revista de História das Ideias*, n. 22, p. 467-478. Coimbra: Universidade de Coimbra, 2001.

REIS, José Carlos. *História, a ciência dos homens no tempo*. Londrina: Eduel, 2009.

RICOEUR, Paul. *Figuring the sacred: religion, narrative and imagination*. Mineápolis: Fortress Press, 1995.

_____. *A memória, a história e o esquecimento*. Campinas: Unicamp, 2007.

_____. *Tempo e narrativa*. São Paulo: Martins Fontes, 2010.

RIST, John M. *Plotinus: the road to reality*. Cambridge: Cambridge University Press, 1967.

RIST, John M. Plotinus and christian philosophy. *In*: GERSON, Lloyd P. (Ed.) *The Cambridge Companion to Plotinus*. Cambridge: Cambridge University Press, 1996.

ROJAS, Carlos Antonio Aguirre. A longa duração: in illo tempore et nunc. *Revista de História das Ideias*, n. 18. Coimbra: Universidade de Coimbra, 1996.

ROSSETTI, Regina. *Movimento e totalidade em Bergson: a essência imanente da realidade movente*. São Paulo: Edusp, 2004.

ROSSI, Paolo. *Os filósofos e as máquinas, 1400-1700*. São Paulo: Companhia das Letras, 1989.

_____. *Os sinais do tempo: história da Terra e história das nações de Hooke a Vico*. São Paulo: Companhia das Letras, 1992.

ROUART, Marie-France. O mito do Judeu Errante. *In*: BRUNEL, Pierre (Org.). *Dicionário de mitos literários*. Brasília/Rio de Janeiro: Editora UnB/José Olympio, 1997.

RUFINO, José Renivaldo. O primado do presente na teoria do tempo de Santo Agostinho. *In*: COSTA, Marcos Roberto Nunes; DE BONI, Luis Alberto (Org.). *A ética medieval face aos desafios da contemporaneidade*. Porto Alegre: EdiPUCRS, 2004.

RUGGIU, Luigi. Tempo: "Una ostinata illusione"? Notre per un'introduzione allá questione del tempo. *In*: RUGGIU, Luigi (Ed.). *Il tempo in questione: paradigmi della temporalitá nel pensiero occidentale*. Milão: Guerini e Associati, 1997.

SANTOS, Eduardo Natalino dos. *Deuses do México indígena: estudo comparativo entre narrativas espanholas e nativas*. São Paulo: Palas Athena, 2002.

SCHAMA, Simon. *Cidadãos: uma crônica da Revolução Francesa*. São Paulo: Companhia das Letras, 1989.

SCHOPKE, Regina. *Matéria em movimento: a ilusão do tempo e o eterno retorno.* São Paulo: Martins Fontes, 2009.

SENECA. *Diálogos.* Madri: Gredos, 2000.

SHAKESPEARE, William. *Comédias e sonetos.* São Paulo: Abril Cultural, 1981.

SILVA, Franklin Leopoldo e. *Bergson: intuição e discurso filosófico.* São Paulo: Loyola, 1994.

SIMMEL, Georg. *The philosophy of money.* Londres/Nova Iorque: Routledge, 1990.

SKINNER, Quentin. *As fundações do pensamento político moderno.* São Paulo: Companhia das Letras, 1996.

SOBOUL, Albert. *História da Revolução Francesa.* Rio de Janeiro: Zahar, 1974.

SWIFT, Jonathan. *Viagens de Gulliver.* São Paulo: Abril Cultural, 1971.

TAGLIAPIETRA, Andrea. Tempo ed escatologia, il símbolo apocalittico. *In*: RUGGIU, Luigi (Ed.). *Il tempo in questione: paradigmi della temporalitá nel pensiero occidentale.* Milão: Guerini e Associati, 1997.

TERRIN, Aldo Natale. *O rito: antropologia e fenomenologia da ritualidade.* São Paulo: Paulus, 2004.

THOMAZ, Luis Felipe F. R. O cômputo do tempo na civilização indiana. *Cultura,* v. 23, 2ª série. Lisboa: Centro de História da Cultura, 2006.

TODOROV, Tzvetan. *A conquista da América: a questão do outro.* São Paulo: Martins Fontes, 1993.

TRAGTENBERG, Maurício. *Burocracia e ideologia.* São Paulo: Ática, 1980.

TROTTA, Alessandro. Anima il tempo secondo Plotino. *In*: RUGGIU, Luigi. *Il tempo in questione: paradigmi della temporalitá nel pensiero occidentale*. Milão: Guerini e Associati, 1997.

TZAMALIKOS, Panayotis. Origen and the stoic view of time. *Journal of History of Ideas*, v. 52, n. 4. Filadélfia: Temple University, 1991.

ULLMANN, Reinholdo Aloysio. *Plotino: um estudo das enéadas*. Porto Alegre: EdiPUCRS, 2008.

VARAZZE, Jacopo de. *Legenda áurea: vidas de santos*. São Paulo: Companhia das Letras, 2003.

VAZ, Henrique C. De Lima. *Escritos de filosofia III: filosofia e cultura*. São Paulo: Loyola, 1997.

VERNANT, Jean-Pierre. *O Universo, os deuses, o homem*. São Paulo: Companhia das Letras, 2000.

_____. *Entre o mito e a história*. São Paulo: Edusp, 2001.

VERNET, Juan. *El Islam en España*. Madri: Editorial MAPFRE, 1993.

VEYNE, Paul. *Acreditavam os gregos em seus mitos?* São Paulo: Brasilense, 1984.

VICO, Giambattista. *Il carteggio*. Bari: Gius, Laterza & Figli, 1929.

_____. *Autobiografia*. Buenos Aires: Espasa-Calpe, 1948.

_____. *A ciência nova*. Rio de Janeiro: Record, 1999.

VIEIRA, Padre Antonio. *Sermões*. Porto: Lello & Irmão, 1951.

VOEGELIN, Eric. *Anamnese: da teoria da história e da política*. São Paulo: É Realizações, 2009a.

_____. *Ordem e história. Volume I: Israel e a revelação*. São Paulo: Loyola, 2009c.

VOEGELIN, Eric. *Ordem e história. Volume II: O mundo da pólis.* São Paulo: Loyola, 2009b.

_____. *Ordem e história. Volume III: Platão e Aristóteles.* São Paulo: Loyola, 2009d.

WEBSTER, Hutton. *Taboo: a sociological study.* Stanford: Stanford University Press, 1942.

WEIL, Simone. *A gravidade e a graça.* São Paulo: Martins Fontes, 1993.

WHITROW, G. J. *The natural philosophy of time.* Oxford: Oxford University Press, 1980.

_____. *O tempo na história: concepções sobre o tempo da Pré-história aos nossos dias.* Rio de Janeiro: Zahar, 1993.

WOLF, Philippe. *Outono da Idade Média ou primavera dos novos tempos?* São Paulo: Martins Fontes, 1988.

Esta obra foi composta em CTcP
Capa: Supremo 250g – Miolo: Pólen Soft 80g
Impressão e acabamento
Gráfica e Editora Santuário